父スルジットと母ラタン・グローバーに捧げる。

ふたりの愛と支えのおかげで、「情け容赦ない《リレントレス》」の真

た。

私のもてるもの、私のすべてがふたりのおかげだ。

目次

よりよい道を行け

最高を目指し続けるトレーニング

RELENTLESS

From Good to Great to Unstoppable

Tim S. Grover
with Shari Lesser Wenk

ティム・S・グローバー
シャリ・レッサー・ウェンク
酒井 章文 訳

Relentless: From Good to Great to Unstoppable
by Tim S. Grover with Shari Lesser Wenk

Published by arrangement with the original publisher, Scribner,
a Division of Simon & Schuster, Inc.,
through Japan UNI Agency, Inc., Tokyo

考えるな

時刻は午後10時。私はシカゴ市のウエストサイドにあるトレーニング施設〈アタック・アスレチックス〉のセキュリティゲートまで黒のサバーバンを走らせた。めずらしいことではない。プロのアスリートはどんな時間でもここにやって来るのだから。この施設には、マイケル・ジョーダン、コービー・ブライアント、ドウェイン・ウェイド専用のロッカーがあり、数えきれないほどのスーパースターたちがここでワークアウトに励んだり、練習をしたり、居合わせた人と気楽に歓談したりする。

だがこの夜は、ひとりしかいなかった。彼がそこにいることは誰も知らなかった。チームも、メディアも、彼の家族すら知らない。チームメイトたちは３２００キロ離れたホテルにいる。記者からの電話やメールで彼の携帯電話は吹き飛びそうになっている。

いまはＮＢＡのプレイオフの最中で、彼がコートに戻るまで72時間も残されていない。

前日の夜、コートの外で痛みから足をひきずる彼の姿を世界じゅうの人が注目していた。いまではみんなが彼の状態を知りたがっている。だいじょうぶなのか？　プレイできるのか？　「だいじょうぶだ」。彼は試合後の記者会見でそう言った。「だいじょうぶだよ」。今夜、彼がどこにいるのかすら知らないコーチもそう言った。「治療をするので問題ないだろう」と、GM（ゼネラル・マネジャー）は言った。彼がチームのトレーニングスタッフのところには行かないことを、GMは知っている。

チームが滞在するホテルの部屋でひとりきりになると、彼は電話をかけた。その秘密の電話番号を、世界じゅうにいる数えきれないほどたくさんのアスリートが登録している。

「助けてくれないか」と彼は言う。

「どれくらいでここに来られるんだ？」と私は返答した。

選び抜かれたアスリートが、誰にも知られず私に会いにくるのは簡単だ。飛行機の予約をし、ボディガードを呼んで、やって来ればいい。秘密は保証する。たいへんなのはここに着いてからだ。急いで治療しないといけないのか、長期的な計画を立てるのか、励ますのか。アスリートのなかには、事務手続きをして軽くストレッチをするつもりでやって来たのに、気がつくと、着いて1時間でTシャツを3枚着がえるほどトレーニングをし、ゴミ箱に吐いてしまう選手もいる。

だがその夜、私も彼もフィジカルが問題ではないとわかっていた。シーズン終盤なので、負傷と無縁の選手などいない。2、3時間で私が大きなケガに対処するわけではない。そもそも通常の痛みならチームの練習スタッフがどうにかできる。あたりまえの話だが、密かに飛行機をチャーターし、3200キロの距離を飛んできて、アイシングとテーピングをするはずがない。私たちはある特定のことに対処する。こういうふうにシュートの調整をしよう、こんなふうに押し出すんだ、あんな感じで着地するんだ、試合前にこれをしよう、ハーフタイムであれをしよう、シューズはこうしよう、といった具合に。とりあえず、痛みのことは置いておく。しっくりこないだろうが、慣れるしかない。あらゆる筋書きを立て、どんな可能性もおろそかにしない。計画どおりに進めれば、身体はプレイする準備が整うだろう。あるいは、できるかぎりベストな状態にもっていける。

しかし、メンタルについてはまた別の話だ。だからこそ、彼は私に電話をかけてきた。試合に出られるのか、うまくやれるのか、調子を落としていないかといった話を耳に入れてしまったせいで、彼は自分自身に対して確信がもてずにいる。

プレッシャーに呑《の》まれているのだ。何かを成し遂げるために自分を駆り立てる内なるプレッシャーではなく、悩みや動揺を引き起こす外からのプレッシャーに。

そうしたすべてをシャットアウトして、自分の直感と生まれもった才能を信じるのではなく、彼は考えこんでしまっていた。

彼が３２００キロの距離を飛んできたのは、この言葉を聞くためだった。

「考えるな」

やるべきことも、どうやるかも、もうわかっている。

妨げるものなど何もない。

スポーツであれビジネスであれ他のことであれ、最高であるためには、トップになっただけでは十分ではない。トップで居続けなければならないし、より高みを目指さなければならない。常に誰かが追いかけてくるからだ。ほとんどの人は「これでよし」と妥協したがる。だが、誰にも止められないほどの高みを目指すなら、妥協を許す言葉には何の意味もない。最高であるとは、人生を計画してつくりあげ、望んだものを手に入れるまで立ち止まらないこと、さらには、次の目標にたどり着くまで進み続けることだ。そうすれば、もっと高みを目指せる。

どこまでも、情け容赦なく《リレントレス》。

リレントレスという言葉が自分を表していると感じたら、この本はあなたのためのものだ。あなたは本書でいう〈クリーナー〉、つまり、考えられるかぎり最も一心不乱に競う者《コンペティター》だ。限界を拒み、望むものを手に入れるために、必要なことなら何でも黙々と励む。成功をつかむために貪欲に没頭することの意味を理解している。そうすることが人生なのだと考える。

たとえリレントレスが自分を表していなくても、いまはそれでいい。自分の秘めた力を求める、人生を変える旅の途上にあるのだから。

モチベーションの話をしているのではない。この本を読んでいるということは、あなたにはすでにモチベーションはある。あとは実行に移し、結果を出すだけだ。

モチベーションを高めるための気の利いたスローガンを1日じゅう眺めていても、なりたい自分になる方法はわからないままだ。何かを望んでも、どこかにたどり着けるわけではない。自分以外の誰かになろうとしても、どこにも行きつかない。ハートに火をつけてくれる何かを待ち望んでも、どうにもならない。

では、どうやってそこにたどり着くのか？

信じてほしいのだが、すごい人間になるために必要なものは、あなたのなかに潜んでいる。野心も秘訣も密かな夢も解放されるのを待っている。

妨げるものなど何もない。

ほとんどの人が何かをあきらめてしまうのは、周囲に無理だと言われてしまうからだし、安全なところでぬくぬくしているほうが楽だからだ。決断することも、実行することもできず、ただ傍観している。

しかし、自ら選ばなければ、道は開かれない。

誰かが「ああしろ、こうしろ」という言葉に耳を傾けるのはもうやめるんだ。そういう人たちには結果だけで判断させればいい。目標を達成するプロセスなど、彼らには関係ない。非情なまでに高みを目指すうえでは、「まだこれから」も「かもしれない」も「したほうがいい」も「たぶん」もない。グラスに半分も入っているとか、半分しか入っていないとか口にするな。グラスに入っているのか、入っていないのか、それだけだ。

決断し、取り組み、実践し、成功し、それを繰り返す。

本書には、すばらしさの基準を上げること、既知のものを超えること、誰かに教わったことを超えることしか書かれていない。コービー・ブライアントが6回優勝したいというなら、私は7回優勝するよう告げる。10週間でケガから復帰したいという人がいたら、8週間で復帰させる。14キロ減量したいなら、15キロ減らせ。リレントレスとはそういうものだ——自分の限界を決めない。スポーツにかぎらず、何もかもだ。求めつづけ、望むものをすべて手に入れるんだ。

どれほど優れていると自負しているか、他人からどれほどすごいと思われているかなど、どうでもいい。向上の余地はあるし、それは可能だからだ。リレントレスであるとは、他の誰よりも自分で自分に要求を課し、立ち止まるたびにもっとできると思うことだ。もっとやらなければならない。

「終わった」と心が思った瞬間、本能が叫ぶ。「次だ」

本書では、「情熱」とか「内に秘めた意欲」といったくだらない話には触れない。「常識にとらわれない」という言葉が好きな、夢見がちな人の気分をよくする方法など私は知らない。常識など存在しない。考え方について考えるのをやめ、行動することを教えよう。

マイケル・ジョーダン、コービー・ブライアント、ドウェイン・ウェイドといったバスケットボール界の頂点に立った者からスポーツ内外の成功者まで、たくさんの人について述べるとはいえ、本書はバスケットボールについての本ではないし、次のマイケル・ジョーダンになる方法を述べたものでもない。コービーやウェイドも真っ先に同意してくれるだろうが、マイケル・ジョーダンになれる人などいない。あなたがこの3人のようにバスケをすることなどあるだろうか？　おそらくない。彼らの労働倫理、飽くなき意欲、目標に対する揺るがない意志から学べないだろうか？　絶対に学べるはずだ。成功した人としなかった人から学ぶことで、成功する可能性を上げられないだろうか？　もちろん、上げられる。

成功と才能はイコールではない。世の中には、すばらしい才能の持ち主なのにまったく成功していない人がいる。そうした人は何かをやって結果が出ないと、誰かのせいにする。才能さえあればいいと思いこんでいるからだ。そうではない。本当に成功したいのなら、「まあまあよい」ぐらいで満足してはいけない。さらにギアを上げなければいけないのだ。

私は心理学者でも精神科医でもソーシャルワーカーでもない。何十年も教室に座って勉強し、分析データを集め、優れた性質とエリートのパフォーマンス理論について論文を書いたわけではない。とはいえ、本書に書かれていることがすべて、世界でも最高のアスリートとの果てしないやり取りから生まれたものであることは保証する。彼らがどのように考え、いかにして学び、どうやって成功と失敗をしたのか……彼らを飽くなき姿勢へと駆り立てているものは何なのか、私は熟知している。いい話だけではないが、すべて本当のことだ。私が彼らから学んだこと、彼らに私が教えたことをすべて本書で伝えよう。科学ではなく、むき出しの動物的本能を教えよう。

この本には、そうした本能のこと、現実と向き合うこと、たとえ目標を達成するまでの道のりが複雑で到達できなさそうに見えても、どれだけたくさんの人から不可能だと言われたとしても、目の前に立ちはだかる言いわけを取り除くことが書いてある。目標は達成できる。

重要なのは、変化する方法に触れないことだ。人は変わらない。いまの自分自身を信じてほしい。消極性、恐怖心、動揺、欺瞞といったあらゆる雑音を遮断する境地《ゾーン》に達し、何をするにしても望んだものを達成してもらいたい。

そのためには、腹の立つような話題も出すし、それで気分を害したとしても謝罪の言葉ひとつない。成功とは、現実に対処し、心に潜む悪魔や悪習に立ち向かうことであり、すべてに対して笑顔で向き合うことではないのだ。背中をポンと叩かれ「よくやったね！」と言われないと、ソファから立ち上がれないようなら、いますぐこの本を閉じたほうがいい。リレントレスを貫きたいのなら、本当の自分と向き合い、自分に逆らうのではなく自分のためになるようにしなければならないからだ。真にリレントレスなクリーナーたちは、善良であることを拒む暗黒面《ダークサイド》をもった、捕食動物のようだ。自覚があるかどうかはともかくとして、あなたにもそうした一面がある。そして、それはうまく使いこなせば、すばらしい才能になる。

自分がやっていることでトップになろうとしているなら、自分のしたことで誰かが困るとか、人にどう思われるかなんて気にしてはいけない。あらゆる感情を排して、目標のためにすべてを捧げる。身勝手だって？　そうだろう。利己的？　そのとおりだ。そうしたことが問題だとしたら、本書を読んだあと、自分がどう感じるか確かめてほしい。

いまこの瞬間から、他のすべての人があなたにレベルを合わせるという方針をとる。あなたのレベルを下げるのではない。もう二度とあなたは誰かと競ったりしない。他の人たちがあなたと競わなければならないのだ。これからは、結果がすべてだ。

前述した夜の訪問者の場合、結果への道筋が失われていた。彼は敗北への恐怖でうろたえるあまり、勝利のためにやるべきことに集中できず、天性の才能と自信を呑みこむ苛立ちと感情の波をおさえられずにいた。彼はコートの上で見るからに消極的だった。まるで、そのままそこで死んでしまいそうなしかめ面で、チームメイトやコーチをきょろきょろ見ていた。チームメイトもその様子に気づきだした。突如として、チームメイトは司令官不在で戦場に赴く軍隊のようになり、相手に完璧におさえこまれてしまった。このようにして、偉大なチームは敗北する。リーダーが不在なのだ。こうしたことはビジネスの世界でも日々起きている。会議で上司が自分の苛立ちをあらわにし、部下にまくしたてるのだ。自信を失い、冷静さを欠き、調子もよくない。上司は誰にも気づかれていないと思っているのかもしれないが、些細な点にもそのことがはっきりと表れる。やがて誰もが気がついてパニックに陥る。

こうしたパニックによって、何もかもがだめになってしまうのを防ぐにはどうしたらいいだろう？ ときには1歩引いて、自分を完全にコントロールできる、冷静で落ちついた心理状態に立ち戻ることも必要だ。選手たちはどこにいても、私に「来てくれ」と連絡してきただろうか？ もちろん、毎シーズン違う選手がそうしている。必要なときには私がそばにいると、選手たちはわかっている。しかしこの夜、彼は自分に必要なのがある心理状態だとわかっていたので、チームを離れたことが発覚するリスクをいとわなかった。〈ゾーン〉に戻れるかどうかは自分にかかっているとわかっていたのだ。ゾーンとは、何も考えなくなるまで心を鎮め、感情を排して目的に集中できる個人的な領域のことだ。心の奥深くには、自分と本能しか存在しない。そこでは外部からのプレッシャーなど感じない。自分自身を証明しようとわき起こってくるプレッシャーを何度も感じるだけだ。それは、誰のためでもなく、自分自身がそのプレッシャーを求めているからだ。

「負けることなど頭から追いはらえ」。そう告げると、私は彼の目をじっと見つめ、理解しているかどうかを確かめた。「がんばることなど考えるな。がんばるということは失敗する可能性があるからだ。いちばんになりたいか？ それなら、痛みも、疲労も、みんなの期待に応えるというプレッシャーも忘れるんだ。敵に負けるな。敵のことなど考えるな。外側で大騒ぎが起きていても、おまえはほとんど気がつかない。おまえは内なる平穏のなかにいる。準備万端で、おまえがいちばんだからだ。状況にどう対処するつもりかなんて、誰かに説明する必要はない。ただ状況に対処するだけだ。誰もがうろたえて言葉を詰まらせているとしても、おまえはこう言うんだ。『問題ない』と。そいつらを黙らせて、騒ぎを終わらせてしまえ」

「終わったあと、どうしたのかなんて説明しなくていい。やつらにはわからないだろうし、わかる必要もない。ただしばらくひとりになって、成功を噛みしめ、次のチャレンジに向かうんだ」

すでに夜が明けていた。彼の乗る飛行機が待っている。「終わらせてしまえ」。私はもう一度言った。目の奥が光った。彼は理解したのだ。さあ、行く時間だ。

彼はボディガードのほうを向いて言った。「魔法の世界に行ってきたみたいだ」

「リレントレス」とは、不可能を可能にすることだ。誰でもできる。これは事実だ。シカゴでの高校時代、私は身長180センチそこそこのバスケットボール選手だった。その当時、テレビでノースカロライナ大学の試合を観ていて、初めてマイケル・ジョーダンを目にした。ジョーダンは線の細い新人だったが、見たことのない動きをしていた。まったくもって本能的で、ありのままだった。頭で考えなくても、コートの上でどうすればいいのか理解していた。ジョーダンについて何ひとつ知らなくても、彼がスーパースターになるのがわかった。

数年後、運動生理学の修士号をとった私は、シカゴ市内のスポーツクラブでトレーナーとして働いていた。ジョーダンはまだ線が細かったものの、シカゴ・ブルズのスター選手になっていた。トレーナーになった１９８０年代、私はブルズの選手と仕事がしたくて、微かな望みを抱き、何度となくブルズにコンタクトをとった。ジョーダン以外のすべての選手に手紙を書いた。ジョーダンに手紙を書かなかったのは、トレーナーが必要ならすでに雇っているだろうし、私のような駆け出しを雇うはずがないからだ。誰からも返事はなかった。当時、バスケットボール選手はウェイト・トレーニングをしていなかった。上半身を鍛えすぎると、シュートがおかしくなるという古い考えが幅を利かせていたからだ。

１９８９年、私は新聞の小さな記事を見つけた。そこには、ジョーダンがワールドチャンピオンのデトロイト・ピストンズや他のチームに力負けするのにうんざりしている、と書かれていた。私はもう一度ブルズに連絡し、チームドクターのジョン・ヘフェロンとアスレチック・トレーナー主任のマーク・フェイルと話す機会をなんとか得た。ふたりがチームのスター選手に、プロのアスリートを指導したこともない無名のトレーナーを勧めてくれる可能性はあるだろうか？　ない。誰もがそう言った。あきらめろ。ありえないよ。

あたりまえのことだが、どんなことだって誰かが成し遂げるまでは不可能なのだ。ジョーダンは前に一度トレーナーをつけたことがあったが、トレーニング中に腰を痛めたため、もう一度トレーニングするのに二の足を踏んでいた。だがジョーダンは、バスケットボール史上最高の技術があっても足りないものがあると、本能的に感じとっていた。伝説的な選手にとどまらず、バスケットボールの神様になろうとするなら、肉体を究極のレベルにまで高めなければならず、そのためならどんなことでもしようと思っていた。そこでジョーダンは、彼に必要なことを正確にわかっている人物を探すよう、ジョンとマークに頼んでいた。

ブルズとの最初のミーティングから数日後、「郊外の練習施設でもう一度会いたい」という連絡があった。私はもう一度トレーニングスタッフと面接するのだと思った。まさかジョーダンの自宅で、本人と面接することになるとは夢にも思っていなかった。

私はジョーダンと1時間話し、計画の全容をあきらかにした。時間をかけて身体を鍛えてケガのリスクを減らす方法、フィジカルの変化がシュートに及ぼす影響、その途中でシュートの感覚をどう調整するか、最高のパフォーマンスを発揮するバランスのとれた身体づくりについて、こうしたトレーニングによって選手寿命を延ばせることなどを説明した。

ジョーダンは私の説明が終わるまでじっと聞いていた。

「ありえない」。ようやくジョーダンは口を開いた。「話がうますぎる。本当とは思えない」

「本当なんです」。私は言った。「30日間の詳細なスケジュールを出します。そこには、どんなことをするか、肉体や試合や身体全体の強度にどのような影響が起こるかを記します。どういう感覚になりそうかお伝えするので、肉体の変化にも対応できるでしょう。食事の内容、食事の時間、就寝時間まで計画を立てます。あらゆる細部にまで気を配り、あらゆる可能性を試します。すべてがどのように連動しているのか、おわかりいただけるでしょう」

ジョーダンは30日間試してくれた。

私は彼のトレーナーを15年間務めた。

ジョーダンが引退するときにこう言った。「自宅の近くできみを見かけたら、撃ち殺してやる」

私たちは二人三脚で学んできた。障害にも問題にも遭遇しなかった。私たちの目の前にはただ解決すべき状況があるだけだった。マイケル・ジョーダンのような選手はいなかったので、解決する方法がわからない状況に数多く直面した。私たちは学んでは失敗し、その失敗からまた学んだ。学びつづけた。

ジョーダンが最高の選手だったのは、宙を舞い、不可能と思えるシュートを決めたからではない。ジョーダンが勝負の鬼であり、より高みを目指す飽くなき姿勢を貫いたからだ。どれだけ勝利を重ねようと、どれだけ偉大な選手になろうと、ジョーダンの欲求が尽きることはなかった。目標を達成するためならどんなこともいとわなかった――それどころか、必要以上にやった。

こうした価値観が、20年以上にわたって何百人のアスリートと仕事をしてきた私の土台であり、この本の基礎でもある。「リレントレス」とは、満足せず、最高を目指してどこまでも突き進み、よりよくなることだ。次のレベルになるためにギアを上げなければならない……たとえ次のレベルがまだ存在しなくても。恐怖と向き合い、失敗へとつながる邪魔なものを振り払う。自分の身体能力だけでなく、精神的な強さとタフさから尊敬され、畏怖の念を抱かれる。

あなたのグラスに何が入っていようが、いますぐ捨ててしまおう。私がゼロから満たす。あなたの考え、信念、意見……そんなものは忘れ、一からやり直す。グラスを空にするんだ。最後に残った数滴がより高みを目指すうえで邪魔になる。私たちはまったく新しいところへ向かう。

クリーナーであればあるほど、ダーティになる。

マイアミ・ヒートがオクラホマシティ・サンダーを下し、２０１２年のＮＢＡチャンピオンになった夜、私は試合前にメッセージを書いた紙片をポケットに忍ばせておいた。長年のクライアントであり友人でもあるドウェイン・ウェイドに宛てたものだ。

ＮＢＡファイナル第２戦のあと、ウェイドは電話をかけてきて、私にマイアミまで来てもらえるかたずねた。痛めている膝で残りの試合を乗り切れるかどうか見てほしいというのだ。私は驚いた。というのも、私とウェイドの関係は長いあいだうまくいっていたものの、ここ２シーズンはチームを組んでいなかったからだ。それには、ウェイドがチームメイトのレブロン・ジェームズとトレーニングをするため、マイアミに残ることにしたのも関係している。とはいえ、私たちは連絡を取り続けていた。私と組んだ／組んでいる他の選手たちと同じく、ウェイドは、必要とあれば私がいつもそばにいてくれるとわかっていた。

別の選手だったら、そんなふうに電話をかけてこなかっただろう。ヒートをタイトルに導くためにレブロンを頼りにし、あと数試合だけ膝がもつようにと祈りながら痛みに対処しようとしただろう。大半の選手なら、そうしたに違いない。しかし、チャンピオンシップがかかっていて、自分が〈クリーナー〉だとしたら、誰かの手にゆだねたり、何もかもうまくいくようにと願ったりはしない。あらゆる手を尽くして、目標までたどり着く。

こうしてシリーズ1勝1敗の状況で、私はマイアミに飛んだ。どう見てもウェイドの膝はシーズン終了後に手術が必要な状態だった。それについてはすぐにはどうしようもなかった。私は、これから数日間ウェイドの気分が高揚し自信をもてるよう、最善を尽くすと伝えた。

さらに、２００６年にとったチャンピオンリング１つでは満足できないだろうと伝えた。有意義なキャリアのためにも3回は優勝したい。

しかし、私が本当に伝えたかったのは次のようなことだった。「偉大なアスリートのひとりなら、30代で『ベテラン』などと公言し、若い選手にチームをまかせようとしてはだめだ。自分をベテランと見なしたら、ベテランになってしまう。膝と肩の手術を同時に受けて、ふつうなら3カ月かかる厳しいリハビリを2カ月でやり遂げて復帰し、ＮＢＡの得点王になったのはそれほど前のことじゃない。あんなことができたんだ。今回はできないなんて言わせないぞ」

それから数日間、ウェイドがしばらくやっていなかったトレーニングに私たちは取り組んだ。チームメイトやメディアや他の雑音から離れて、ときには午前2時まで、アリーナで励んだ。

私がウェイドに専念したのはひさしぶりだった。ヒートが3戦目と4戦目をとり、シリーズスコア3対1でリードした。あと1勝だ。次の試合に勝たないと、決戦の地がサンダーのホームアドバンテージのあるオクラホマシティに戻ってしまう。ここが正念場だった。

私たちは肉体面でいろいろ取り組んだ。ウェイドがしばらくやっていなかった方法で、彼の身体は息を吹き返していった。だが、他のプロアスリートたちと同じく、鍵となったのはメンタルだった。

マイアミ・ヒートの「ビッグスリー」のひとりとしてではなく、真のドウェイン・ウェイドとして復活しなくてはならなかった。ウェイドは、レブロン・ジェームズやクリス・ボッシュ、他のチームメイトたちとプレイするのに慣れすぎていて、自分のルーツを、ナンバーワンになるためにハードワークしてきたことを忘れていた。

中身のない、長ったらしい激励やスピーチなど、私は信用していない。長々と説明しなくてはならないことなど、真実ではないだろう。だから、私が何かを伝えるとき、選手たちは自分が真実を告げられているとわかるのだ。

ヒートが5試合目で勝利を飾った夜、私のポケットの紙片にはこう書いてあった。

「心から望むものを手に入れるためには、まず本当の自分にならないといけない」

ウェイドに感じてほしかったのは、スモークが焚《た》かれ、ライトで照らされ、大げさな謳い文句が飛び交い、みんなが喜んでいるＮＢＡの華やかな時間ではない。コートの上がすべてだったときのこと、そこにたどり着くために人生を賭けて戦ったときのこと、立ち向かってくる相手を試合の初めから終わりまでなぎ倒していたときのことだ。いまこそ、誰かに強制されることではなく、心が感じていることを信じるときだった。「ユニフォームにはおまえの名前がある。おまえが誰だかみんなに思い出させてやれ。チャンピオンの座を取り戻しに行くんだ」

その夜、結束した若いチーム、オクラホマシティ・サンダーが敗北から逃れようと苦戦しているなか、ウェイドは闘争本能そのもので、爆発しそうで支配的で攻撃的な〈ゾーン〉に入りこんでいた。他の選手たちもすばらしいパフォーマンスを見せた――マイク・ミラーやシェーン・バティエらも期待以上の活躍をした。だが試合が進むと、ウェイドの冷静さと強烈な自信と献身とリーダーシップが、チャンピオンシップをもたらした。ウェイドにとって二度目の栄冠だった。

私はウェイドに紙片を渡さなかった。そんな必要はなかった。

その夜、ウェイドはリレントレスだった。

リレントレスとは決して満足しないこと、自分にとって最高の地点にたどり着くたびに新たな目標を生み出すことだ。よい選手だったら、すばらしい選手になるまで立ち止まらない。すばらしい選手だったら、誰にも止められない選手になるまで戦う。

それが〈クリーナー〉になるということだ。

私たちはみな、〈クローザー〉こそ究極の競技者だということに馴染んでいる。クローザーは、試合を決めたり契約を取りつけたり、望むものは何でも与えてくれる存在、期待どおりの活躍をし、称賛され、ヒーローとして称賛されると思っている。

そんな考えは忘れてしまえ。もっと大きな視点で考えるんだ。それより高い水準がある。絶対に成し遂げられるのに、あまりに特別なので大半の人が夢にも見ないようなレベルがある。

究極のクリーナー、マイケル・ジョーダンのことを考えてみよう。

ジョーダンは偉大なことを成し遂げても気にしない。関心があるのは、いちばんでいること、史上最高でいることだけだ。

すごい選手なのは悪いことではない。よい選手よりはいい。すごいというのは他より優れているということだ。それは達成するのが難しく、誇ってもいい。

だが、すごいからといって最高にはなれない。

すごい選手であれば伝説になるだろう。いっぽう、最高になるとは〝神様〟になることだ。すごい選手になりたければ、みんなの予想を裏切るような活躍をすればいい。最高の選手になりたければ、奇蹟を起こすのだ。

これはスポーツにかぎった話ではない。クリーナーはどんな職業にもいる。ある業界のエリートたちを考えてみるといい――トップアスリート、いちばん裕福なCEO、いちばん優秀な学者、いちばんたくましい消防士など、なんでもいい。みんながすごいことを成し遂げているなかで、ひときわレベルの違うパフォーマンスを見せる人がいる。かの有名な1992年のドリームチームを例にあげよう。殿堂入りした11人の選手を擁したこのチームは、2つに分けることができるだろう。全員が才能にあふれていた。しかし、片方のグループの選手たちは、いつまでも史上最高の選手として称えられるだろう。

ジョーダンが闘争本能と競争心の基準を定めた。所属するシカゴ・ブルズがチャンピオンの座につくたび（合計6回）、ジョーダンはすでに獲得したチャンピオンリングの数より1本多く指を上げた。次のチャンピオンリングのためだ。初めて優勝したときは2本、二度目のときは3本……5回目のときは6本上げた。ロッカールームに戻ってくると、壁からシャンパンが滴るなかで、ジョーダンは次のシーズンに向けてどんなことをしなければならないかを話した。野球をするためにバスケからしばらく離れる1年前には、ジョーダンは野球のワークアウトについて、しつこいほど話していた。決して満足せず、現状に甘んじず、常に高みを目指す。

それがクリーナーだ。

ラリー・バード〔80年代にNBAを三度制した元ボストン・セルティックスの選手〕はクリーナーだ。コービーもウェイドも……クリーナーだ。パット・ライリー〔80年代にロサンゼルス・レイカーズを率いて四度優勝した監督〕、フィル・ジャクソン〔90年代にシカゴ・ブルズを率いて3連覇を二度達成した監督〕、チャールズ・バークレー〔ドリームチームのメンバーでもある、元フェニックス・サンズの選手〕もそうだ。現在、試合のなかにクリーナーは数えるほどしか見かけない。クリーナーかどうかには疑いの余地がないし、スターダムに乗ったからといって、自動的にクリーナーになれるわけではない。勝つことしか方法はないのだ。それも一度勝つだけではなく、何度も何度も勝たなければいけない。ビジネスの世界では、ビル・ゲイツや故スティーブ・ジョブズがいる。NFLのダラス・カウボーイズのオーナー、ジェリー・ジョーンズ、NBAのダラス・マーベリックスのオーナー、マーク・キューバン、MLBのシカゴ・ホワイトソックスとNBAのシカゴ・ブルズのオーナー、ジェリー・ラインズドルフなど、スポーツチームのオーナーの大半はクリーナーだ。彼らはみなビジネス界で大成功をおさめたのと同じように、非情な態度でチームを運営している。ほとんどの大統領はクリーナーだが、クリーナーでないとしても当選できるようがんばってくれ。

あらゆる職業でこうした例がある。どういう例があるか考えてみてほしい。重要なのは、才能や頭のよさやお金の問題ではないことだ。望んだ世界でトップになり、トップで居続けるためにはあらゆる犠牲をいとわない、非情なまでの闘争本能がすべてなのだ。ヒートが優勝した夜、ウェイドはコートでいちばん才能のある選手ではなかった。しかし彼だけが、チームを勝利に導くために他のチームメイトたちが何をしなければいけないかを把握していた。それこそがチャンピオンのすることだ。結果を出すために人員を配置し、周りにいる全員を輝かせることができるのだ。

クリーナーの姿勢は次の言葉でまとめられる。「支配者はおれだ」。クリーナーは自信満々でやってきて、結果を携えてその場をあとにする。クリーナーにはあらゆることを自分の有利になるよう進める本能とビジョンがある。彼らが何をするつもりなのかはわからないが、何かが起きようとしているのはわかる。議論も分析も不要だ。そんなもの抜きでも、クリーナーはわかっている。私たちは、すべてを制するクリーナーの能力を、尊敬と畏怖の念を抱いてただ見守るしかない。

クリーナーになるには、才能はほとんど関係ない。誰にでもある程度の才能はある。ただ、それがいつも成功につながるとはかぎらない。すばらしいレベルまで到達できる人は才能にあぐらをかいたりしない。そうした人たちは、自分の責務をまっとうすることに集中する。スポーツでも家庭生活でもビジネスでもバスの運転でも関係ない。クリーナーはその仕事を遂行する方法を決め、そのために必要なことは何でもする。彼らは、私たちが出会ったなかで最も意欲的で、実行することにかけては比類なき才能の持ち主だ。クリーナーはただ実行するのではなく、完璧なまでにつくり直してしまう。「支配者はおれだ」。自分の客が何を飲み、ステーキの焼き加減をどうするかを把握しているウェイターの話をしよう。町の人は残らず彼のテーブルに座りたがり、誰もがチップをはずむ。そのウェイターのすごさを認めているからだ。生徒全員が授業を理解するまであきらめない教師はどうだろう。上司に必要なものを本人より熟知しているため、役員より給与が高い重役補佐もいる。生活のために残業をして子どもたちを大学まで行かせる両親もいる。毎日バスに乗りこみ、全乗客がどこで乗ってどこで降りるかを把握し、笑顔を絶やさず感じのいいバスの運転手がいる。彼は心のなかでこう思っているだろう。「これはおれのバスだ。おれのバスにふざけた真似はさせねえ。いつも清潔で時間どおりにするんだ。おれやおれのバスにちょっかい出すやつがいたら、歩いて通りに戻ることになるぜ」

アメリカ海軍特殊部隊（ネイビーシールズ）はクリーナーだ。彼らは任務を実行するまで、止まることなくどこまでも目標を追い求める。やらなければならないことを理解し、実行に移すのだ。成功することを常に想定し、目的を成し遂げても、いつまでも喜んでいない。常に他にもやることがあるからだ。あらゆる業績が次の挑戦への足がかりでしかない。ターゲットを仕留めたときには、次の目標に忍び寄っている。任務の大半はただ密かに実行されるだけだ。それを誇示したり、それで人を魅了したりしない。クリーナーは見せびらかしたり、やっているふりをしたりしない。真のクリーナーは自分のしていることや計画していることを話さない。その仕事が達成されたあとで、はじめて周知のことになる。そして、そのときにはもう、クリーナーは次の挑戦へと舵を切っている。

そうした人たちをどうしてクリーナーと呼ぶのか？　それは彼らがあらゆることに対して責任を負うからだ。うまくいかなくなったとき、クリーナーは誰かを責めたりしない。そもそも彼らは、目標を完遂するために誰かを頼っていないからだ。困難を一掃し《クリーン・アップ》、次に向かう。深夜にひとりきりでひっそりと働くビルの管理人のことを考えてみよう。管理人は自分のことをアピールせず、誰もその仕事ぶりを目にしない。管理人が何をしているのか誰も知らないが、その仕事は常になされている。おかげで、他の人の仕事に支障が出ない。自分なりのやり方で、管理人は建物内でいちばん力を発揮している。あらゆる場所に入れるし、何がどこにあってどう働いているのかも把握している。すべてのドアの鍵を所持し、誰にも見つからずどこにでも行ける。みんなが何をしているのかも知っている。誰が帰宅しなかったのか、誰が深夜に忍びこんだのか、デスクの下にウイスキーの空きビンを置いていったのは誰か、コンドームの包みをゴミ箱に捨てたのは誰か、どんな小さな不正でもお見通しだ。緊急時に電話をかける相手は管理人なのだ。

クリーナーは最初に頼りにする相手ではない。クリーナーは切り札だ。誰も状況に対処できなくなったときに現れる。会話もなく、落ちつきはらった様子で、議論もしない。

必要とあれば、クリーナーはルールすら破る。関心があるのは結果だけなのだ。うまくいかなくなり、誰もがパニックに陥りだしても、クリーナーは冷静で動じず、クールに落ち着き払っている。高揚しすぎたり元気をなくしたり、喜びすぎたりがっかりしすぎたりしない。問題には目を向けず、解決すべき状況だけを見る。そして解決法を見つけると、説明などせず、ただこう言うのだ。「私にまかせておけ」。問題が解決し結果が出ると、他の人たちは、クリーナーの成し遂げたことが信じられないとばかりに、首を振ってその場に立ちつくす。失敗などありえない。たとえ何年かかろうと、状況を好転させる方法を見つけだし、成功するまであきらめない。

クリーナーには誰にも踏みこめない暗黒面《ダークサイド》もある。彼らは孤独と引き換えにして、望むものを手に入れる。優れていると孤独なのだ。クリーナーは肉体的にも精神的にも決して立ち止まらない。なぜなら、立ち止まれば、トップになるために払った犠牲や忍耐を振り返ることになるからだ。失敗すれば致命傷になるため、大半の人はそこまでの高みに達するのを恐れてしまう。だが、クリーナーは挑戦して失敗するのをいとわない。壁にぶち当たることも地面に叩きつけられることも気にしない。そんなものは存在しないからだ。

メディアや宣伝の力でクリーナーを捏造することはできない。クリーナーは自分の力でクリーナーになる。クリーナーがもっているものは、すべて自ら獲得したものだ。クリーナーはお金のためには動かない。お金で動くのは、クリーナーがいちばんしてはいけないことだ。自分の価値を心得ているので、クリーナーは自分の存在を忘れられたとしてもみんなに思い出させるだろう。しかし、お金は二の次だ。他の人と一線を画すものが1つある。クリーナーは成功への渇望に取りつかれているのだ。その欲望があまりに強く、その欲求があまりに激しいため、成功を手にするためなら自らの人生すら変えてしまう。さらに、成功を手に入れたとしても満足しない。成功を味わい、噛みしめ、手に入れた途端、その瞬間は過ぎ去り、クリーナーはまた成功への欲求に駆られる。

クリーナーはそうした渇望を肥大させる。彼が愛するのは過程ではなく、最終的な結果だけだ。あなたは、人生を通じて次のようなアドバイスを吹きこまれてきただろう。「自分の仕事を好きになれば、人生には労働などなくなるだろう」とか「好きなことをやっていれば、お金はあとからついてくる」とか。こうしたアドバイスが当てはまる人もいるかもしれないが、クリーナーには当てはまらない。自分の仕事を「好きになる」とは、満足するということだ。しかし、クリーナーは決して満足しない。彼らは成功のために仕事を好きになる必要はないとわかっている。目標を達成するには、情け容赦なく突き進まなければならない。過程にあるものなどすべて不要だ。最高の結果を得るためには邪魔でしかない。アスリートにとって過程とは、ジムでトレーニングをして汗を流し、痛みに耐えた果てしない時間のことだ。経営者にとっては、家族から離れ、仕事のために私生活を犠牲にした時間だ。高校教師にとっては、4年間かけて〔アメリカの高校は4年制が多い〕生徒を卒業させて大学に進学させるために割いてきた、数えきれない無給の時間にあたる。大事なのは結果だけだ。

だがいつかはクリーナーも、消耗しきってぼろぼろになる前に、取りつかれたような状態から足を洗わないといけない。クリーナーにとって、大事なのはコントロールすることだ。自分が成功への渇望にコントロールされていると感じると、すぐにクリーナーはもう一度自分をコントロールできるようになるまで、いったん手を緩める。重大な責任を負ったアスリートやコーチ、CEO、意欲にあふれた人たちが頂点を極めると、一度その分野から離れるのはこうした理由からだ。より高みを目指すプレッシャーで消耗しきってしまうのだ。そのため、いったん身を引いて、もう一度気持ちを集中させてから、さらなる意欲を得て戻ってくる。

こんなふうに人生を送るなんて無理そうだと思い、本を閉じようとしている読者に、ここでいい知らせがある。あらゆる面でクリーナーになる必要はない（そんなことは不可能だ）。すべてに対して非情になる必要はないし、何もかもでいちばんにならなくてもいい。仕事でも人間関係でも趣味でも、すべてのことで誰にも手の届かない境地に達するのは不可能だ。というのも、そのうちのどれか1つでもすばらしい成果をあげるには、こう言う必要があるからだ。「他のことはどうでもいい」と。仕事でクリーナーになろうとしたら、人間関係を犠牲にしなければならないだろう。スポーツの世界でクリーナーだとしたら、ビジネスの世界で抜きんでることはないだろう。クリーナーな親になりたければ、仕事のキャリアに支障が出るだろう。クリーナーはいちばん望むものを手に入れるために他のものを犠牲にする。ほとんどの人はそうすることに悩む。しかし、クリーナーは悩まない。

クリーナーは「望みをすべてかなえる」ことに興味がない。誰よりもひどい服装をした億長者を目にしたことがないだろうか？　ウォーレン・バフェットは、いまでも1958年に3万1500ドルで購入した家に住んでいる。真のクリーナーは、きらびやかで派手なライフスタイルに興味を示さず、最低限の基準だけを考慮する。大事なのは最終的な結果であり、途中で手ごろな結果に満足することはない。

◇　◇　◇

選りすぐりのアスリートと組むうえで、私は相手のことを知らなければならなかった。彼らのメンタルの強さと弱さを、どれくらい追いこめるのか、どこまで到達したいと思っているのかを把握する必要があった。シーズンオフのある日、私はトレーニング施設を見まわして、一流の選手たちと一流になる可能性を秘めた選手たちを見ていた。全員がＮＢＡレベルの練習試合をしていた。そこにいるのはみな「すごい選手」だったが、選手によってモチベーションも能力もパフォーマンスのレベルも違った。どのクォーターも全力を出そうとしている者もいれば、オフ中に軽くボールに触れればいいと思っている者もいた。それ自体はどうでもよかった。私が注意深く見ていたのは、どれだけ真剣に他の選手より上に行こうとしているか、それを示すわずかな違いだった。実際、どんな分野でも最高の成功をおさめるレベルになると、誰もがある程度は目覚ましい成果をあげている。そのため、わずかな違いに目を向けることになる。トップ中のトップになりたいと思ったら、ほんの小さなことが大きな差を生む。

この本を書くまで誰かに明かしたことはなかったが、私は独自の考えで、３つのレベルに分けることにしている。異なる３つのタイプに分けるのだ。

その３つとは、〈クーラー〉〈クローザー〉〈クリーナー〉だ。

それぞれ、〈よい〉〈すごい〉〈ものすごい〉となる。

この基準はどのグループにも当てはめることができる。自分の所属するチーム、職場、友人、家族を見ればわかるだろう。人それぞれ成功の定義は違う。生活環境に合わせる人もいれば、望むものを明確にして、それを手に入れたら「これでよし」とする人もいる。そして、状況に合わせて基準を上げつづけるため、成功を定義できない、ごく少数の選ばれた人たちがいる。それぞれ、クーラー、クローザー、クリーナーだ。大半の人はクーラー、少ない割合でクローザーがいて、グループにひとりだけクリーナーがいるかもしれない。しかし仮にいたとしても、クリーナーの行動を目にするまで誰もその存在に気がつかないだろう。そして、一度目にしたらきっと忘れない。

クーラーは用心深い。指示が与えられるまでは動かないし、他のみんなが何をしているのか確かめようと傍観する。そのあとで、リーダーに従うのだ。意思決定者ではなく調整役だ。選択を迫られるまでは支持するほうをあきらかにしない。うまくいっているときなら、ある程度プレッシャーに対処できるが、状況が緊迫すると、問題を誰かに押しつける。大きな仕事もできるけれど、最終的な責任をとることはない。クーラーは、クローザーやクリーナーに引き継ぐまで、仕事を滞りなく進めるために状況を整える役を務める。

クローザーは多くのプレッシャーに対処できる。適切な状況に置かれ、しかるべき指示が与えられていれば、仕事を遂行できる。あらゆる場面から学びとるので、ほとんど何が起こっても予測しているが、予想外の出来事に直面すると不安になる。注目を集め、信頼されたいと思っているので、みんなが何をしているのか、みんなからどう思われているのかを非常に気にする。有名になることで得られる報酬や特典を好み、勝利や成功より経済的な安定を選ぶ。

クリーナーが理解されることはめったにないが、クリーナー自身もそう扱われるのを好む。

以下にまとめておこう。

- クーラーはすばらしい試合ができる。
- クローザーはすばらしいシーズンを送れる。
- クリーナーはすばらしいキャリアを送れる。

- クーラーは対戦相手のことや、自分に能力があるかを気にする。
- クローザーは対戦相手を研究し、相手に合わせた計画を練る。
- クリーナーは対戦相手など気にしない。研究するのは対戦相手のほうだ。クリーナーは相手が誰だろうと対処できる。

- クーラーは勝利をもたらすシュートを打ちたがらない。
- クローザーは成功しそうならシュートを打つ。
- クリーナーは自分の本能を信じてシュートを打つ。それについて考える必要はない。

- クーラーは自信がもてない役目を引き受けない。
- クローザーは誰かに頼まれたら、その役目を引き受け、準備と研究に時間をかけられれば、うまくこなす。

- クリーナーは頼まれるのを待たずに、ただ実行する。
- クーラーは自分が成功したかどうかの判断を誰かにゆだねる。自分の仕事を周りが評価してくれるか様子を見る。
- クローザーは仕事をやり終えると、成功した気分になる。
- 常にもっとやることがあるので、クリーナーが成功したと感じることはない。
- クーラーはチームを率いたがらないが、よい仕事をした人を真っ先に称賛する。
- クローザーは仕事の功績を認められ、称賛されるのを好む。
- クリーナーは誰かをめったに称賛しない。自分の仕事をするのはあたりまえだと思っている。
- クーラーは注目されたいと思っているが、そうした状況になると、たいていうまく対処できない。
- クローザーが先頭に立つのは、自分がまかされていると示すためだ。
- クリーナーには自分を誇示する必要がない――クリーナーが取りしきっていることを、すでにみんな知っているからだ。

・クーラーは出されたものなら何でも食べる。
・クローザーは食べたいものを注文し、おいしい食事に満足する。
・クリーナーにとって何を食べるのかなど、どうでもいい。1時間もたてば、また空腹になっているのだから。

クローザーはチャンスがあれば試合に勝てるが、クリーナーはチャンスそのものを生み出す。クローザーもスターになれるが、それはクリーナーのおかげだ。他の人には必要だが、クリーナーは尻を叩かれる必要がない。
これが、よい、すごい、ものすごい、ということだ。

◇　◇　◇

あなたはクリーナーだろうか？

私の知っている（よく知っている）クリーナーのほとんど全員が、これからあげる特性のうちのいくつかをもっている。こうした特性をいつも自分と結びつける必要はないが、少なくともいくつかのものは確実に経験しているだろう。興味をそそられるものもあれば、不快に感じるものもあるに違いない。しかし、どれもリレントレスであるための能力を測るものだ。

特性は全部で13ある。13なのは、不吉などという迷信を振り払うためだ。あるのは状況と結果だけで、望みさえすれば、どちらもコントロールできる。だが、迷信に頼りたいのであれば、偉大なるウィルト・チェンバレン〔60年代から70年代にかけて大活躍したＮＢＡ選手〕のように考えるといい。チェンバレンは自身の背番号13を、自分ではなく、対戦相手にとって不吉なものだと考えていた。これこそがクリーナーの思考だ。

見ればわかるとおり、すべて「1」とラベリングされている。人は数字の入ったリストを渡されると、1がいちばん重要で、それ以外は二の次ととらえるものだ。長いリストになると、3や4からあとの項目には興味を失うだろう。しかし私のリストでは、すべて同じように重要なのだ。私の選手がコンディションを保つためにやるべきことのうち、どれかをやらなかったとしたら、どれもうまくいかなくなってしまう。そこで私は、1、2、3、4……と数字をふらず、すべて1としているのだ。

本書でもそれは変わらない。本書はどの章を、どの順番に読んでもかまわない。読めば、最後の章が最初の章と同じように重要だとわかるだろう。

リレントレス13箇条

あなたがクリーナーなら……

1 みんなが満足しているとき、さらに自分を追いこみ続ける。

1 ゾーンに入り、何もかもシャットアウトして、コントロールできないものをコントロールする。

1 本当の自分がきちんとわかる。

1 いい人であるよう説かれるのを拒絶する、暗黒面《ダークサイド》がある。

1 プレッシャーを恐れず、プレッシャーを生きがいにする。

1 非常事態になると、みんながあなたを探す。

1 競ったりせず、敵の弱点を見つけて、そこを突く。

1 提案などせず、結論を出す。他の人が質問しているとき、すでに答えがわかっている。

1 仕事を好きにならなくていいが、結果には執着する。

1 好かれるより畏《おそ》れられるほうがいい。

1　ほとんどの人を信頼しない。だが、信頼された人たちはクリーナーを絶対に失望させないほうがいい。

1　失敗を認めない。望むものを手に入れる方法は他にもあるからだ。

1　常に飢えているため、何かを達成しても喜ばない。

このリストを見て、「自分だけではないんだ」と思ったなら、あなたはすでにクリーナーへの第一歩を歩んでいる。ここから先の章に出てくる、あなたの成功の基礎となるそれぞれの特性を詳細に見ていけば、それがわかるだろう。

でも、あなたはこう思っているかもしれない。どうしてそうするんだろう？　満足することなく、態度を和らげずに成功への執着に駆られて、どんないい点がある？　なぜ孤独で居心地の悪い思いをすることに価値を置くんだ？　さらなるプレッシャー、ストレス、緊張を望むのに、どんな理由がある？

お答えしよう——それほどまでに、すばらしいものが得られるからだ。

こうしたことをすべておこなうのは、ほとんどの人が理解もできなければ達成もできないことを成し遂げるためだ。

あなた以外の何者かになること、あなたが目指してもいない誰かになることを私は求めたりしない。私はただ、自分自身の潜在能力に心を開いてほしいだけだ。そうすれば、あなたのもつ能力でもっとたくさんのことができる。もし見たことのない景色を見たいのなら、自他ともに認めるよりもはるか高みに上りたいと本気で願うのなら、いまこそ心の声を信じる時だ。その声は、「あなたにできることをすれば、真のリレントレスになれる」と告げている。

1 あなたがクリーナーなら……

みんなが満足しているとき、さらに自分を追いこみ続ける。

成功者や有名人と働く場合、次の箴言を肝に銘じなければ、その世界に長くとどまることはできないだろう。「語る者は知らず、知る者は語らず」

私は語らない。

私のクライアントの私生活は、ひと目にさらされている。そのため彼らは、私との個人的なトレーニングについての情報管理を徹底している。クライアントから完全に信頼されていなければ、何もできない。

こうした理由から、私たちがどんなトレーニングをするのか、施設を始めとするあらゆる場所でどんなことがおこなわれるのか、どのようにして最高の結果をさらに改善できるのか、そうした事情はほとんど明かされてこなかった。

しかし、あなたが激しい競争と成功の待つ道のりを選ぶのなら、20年以上にわたって私が偉大な選手たちとの仕事から学んできたことを語ろう。アスリートたちとどのように取り組んだのか、アスリートたちから教わったり私が教えたりしたことをどのようにして知ったのかを話そう。

どんな目標を抱いているにせよ、本書のすべてを自分自身のフレームワークとして使えるようになってもらいたい。プロアスリートのようなトレーニングをするのではないかと心配しなくてもいい。それは本職のすることだからだ。これを読めば「プロのようにトレーニングできる」などと言うやつらは、ただ本を売りつけようとしているにすぎない。そうした本も手はじめにはいいかもしれない。だが正直にいうと、プロのように鍛えるには、どんな細部もおざなりにせず、常に心技体に働きかけながら、何をしていても、どの瞬間もきわめて高い集中力で取り組まなければならない。朝、仕事や学校に行く前の30分でできるような代物ではない。

とはいえ、選りすぐりのアスリートたちのメンタリティを取り入れ、自分の仕事に活かして成功することはできる。本書の内容はすべて、競技やビジネスや学校など、どんなことにもまちがいなく応用できる。

というのも、自分に何を求めるにしても、野心の向かう先がジムであれオフィスであれどこであっても、エネルギーの源は首から下ではなく、首から上にあるからだ。

スポーツでは、フィジカルの要素にきわめて多くの時間をかける。大半の人の想像よりずっと速くて強くて柔軟な肉体にするために、トレーニングし、鍛えて、追いこんでいく。それからようやく、メンタルのコンディションにいくらか注意を向けるようになる。

これはまったく逆だ。ジムに出かけて汗をかくだけが重要なのではない。そうしたことは、やるべきことのほんの一部でしかない。フィジカルの能力だけでは、あるところまでしかたどり着けない。

実際のところ、精神を鍛えずして、肉体を鍛えることも、何かで秀でることもできない。心の準備が整わなければ、優れたものを目指すことはできない。肉体を鍛えるよう精神に叩きこむのだ。

フィジカルが優れていれば、すごい選手になれる。だが結局のところ、誰にも止められない選手になるにはメンタルが優れていなければならない。

これより強力なトレーニングツールはないだろう。精神が強くなれば、肉体はあとからついてくる。個人の限界を決めるのは、数字では測れないもの、かたちのないものだ。体重、身長、身体の強さ、速さなどは計測できても、献身性、粘り強さ、胸に潜む筋肉の生まれつきの強さ、つまり心の強さは測れない。自分の目標を把握し、そのためにどんなことなら耐えられるのかを知ることだ。そこからすべてが始まる。

私が求めているのは、私と同じぐらい懸命に取り組みたい人間だ。優れたものを追い求めるうえで私は容赦をしなくなるので、相手にも同じ姿勢をとってほしい。私の名前に賭けていっしょにトレーニングに取り組み、ユニフォームの名前に賭けて選手は戦う。そのことが私にも選手にも大きな意味をもつべきだ。

もし自分に対処できるかどうかを質問しないといけないようなら、あなたにはできない。

私がアスリートを鍛えるとき、3つの掟がある――ここに来て、真剣に取り組み、私の言うとおりにすること。この3つを守れるなら、私は手を貸せる。守れないなら、お互いに利用価値はない。あらゆる点で、私はできるかぎり懸命に取り組むが、相手にも同じように取り組んでもらいたい。私が選手より熱心にトレーニングに励むことはない。熱意を見せてもらえれば、私もそれに応える。

とはいえ、これは私のやり方でやらなければならない。というのも、チームのトレーナーや父親やマッサージ療法士を軽視しているわけではないが、もし彼らが選手の置かれた状況に対処できるなら、あるいは自分でどうすればいいのかわかるなら、私のところには来ていないからだ。私たちが取り組むことの20パーセントはフィジカルだが、残りはメンタルだ。あなたにはすでに才能がある。私の仕事は、あなたの才能で何ができるのかを示すことだ。そうすれば、あなたは自分がとらわれている檻《おり》から抜け出すことができる。私の主張がお気にめさないかもしれないが、続けていけば、それだけのものが得られるだろう。私のもとには、200万ドルの価値もないのに、その10倍もの年棒をもらっている選手が数多くいる。私のプログラムに参加し、継続することとは、チームにとって何らかの意味があるからだ。私とトレーニングすれば、チームにも真剣さが伝わるのだ。

あなたがプロフェッショナルなら、自分のキャリアを管理しているということなので、その方向から取りかかろう。身体のことも仕事として気にかけなければいけない。そうしなければ、仕事がなくなってしまうだろう。そのことを忘れていたら、私が確実に思い出させよう。私はあなたの名声や成功で儲けようとしているわけではない。ともに献身的に励んだ結果、お互いが誇りをもてるプロフェッショナルな関係を築けることを願っている。有名選手というクライアントを失うことを恐れて、彼らの機嫌を損ねないために、選手から「もう十分だ」と言われたら手を緩めるトレーナーがたくさんいる。彼らは選手と友人になりたいのだ。私は、あなたの友人になる必要はない。これは私の本心だ。あなたには「すばらしい」と褒めてくれる友人がたくさんいるだろう。私たちの取り組みはプロフェッショナルなものであって、個人的なものではない。結果として友人になれたら喜ばしいが、それより大事なことがある。あなたのキャリアと未来だ。

どのように取り組むのかを自分でも考えたい選手もいれば、細かい点まで私にまかせてくれる選手もいる。コービーはいっしょに考えたいタイプだ。ジョーダンもそうだ。コービーは私のところに来て、こんなふうに言う。「ちょっといいかい。左足でジャンプすると、膝が痛むんだ」。そこで、私はさかのぼって調べていく。いつから痛みを感じるのか、試合のどのときからか。それから動画でコービーのプレイをすべて再生して、膝の痛みにつながった要因を探す。ひょっとすると、ワークアウトのせいかもしれない。私はトレーニングの内容をすべて見直し、どこか悪かったところがないかをチェックする。そして、私は答える。「ユタ・ジャズとの試合のこのプレイで、こうなったんじゃないか」。コービーは私の説明を理解し、その状況を検証する。そうして、私はようやくある程度、確信をもって伝えられる。「膝の問題はここで起こったと思う。なので、治すためにこれとあれをしよう」。完全に共同作業だ。

だから、私はあなたの意見や考えを聞かせてもらいたい。ただし、私と取り組むのなら、私のすることに口出ししてほしくない。そこに選択肢はない。選択肢を与えられすぎている人がたくさんいるが、その際に困難なものを選ぶ人はほとんどいない。90分と30分、どちらのトレーニングがいいかと聞かれたら、たいていの人が30分と答える。さあ、これをやってみよう。きつすぎたら、もう少し軽くするから。そう言うと、自動的に軽くしてしまう。だから、私は選択肢を与えない。あなたは考えなくていい。私が考えるから。宿題をやり、テストの答えを教えて、あなたの人生を楽にしてあげよう。あなたの役割は、ただここに来て、真剣に取り組み、私の言うとおりにするだけだ。がんばるんだ。

がんばるんだ。毎日、気の進まないことをやらなければならない。毎日だ。不快な思いをするよう自分を駆り立て、無気力や怠惰や恐怖を払いのけるのだ。そうしないと、翌日にはやりたくないことが2つになってしまう。すると、3つ、4つ、5つと増えて、すぐに最初に戻ることすらできなくなる。そうすると、自ら生みだした困難で自分を責めるしかなくなる。フィジカルの障壁に続き、メンタルの障壁もできてしまう。

私の選手たちにとって、私こそが嫌なものだ。あなたにも、そうした嫌なものがオフィスや家やジムにあるだろう。どちらにしても、そうしたことをやらなければ向上できないし、いちばんにもなれないし、リレントレスを自称することもまちがいなく無理だ。

クリーナーは手に負えないタスクなどないことを示すために、いちばんきついものから手をつける。うれしくないだろうし、そうするのが好きでもないだろう。だが、彼らは常に険しい道のりではなく、目的地を念頭に置く。やるべきことならどんなことでもやる。それが必要だとわかっているからだ。1回言えばわかってくれるので、くどくどと伝える必要はない。むしろ、みんなが疲れ切ってへたりこんでいるときに、もう一度最初からやりたがる。そして、こう言うのだ。2回目がベストだった、と。

当然のことだが、成功している人は指示されるのに慣れていない。そう、チームのスタッフも強制しない。それこそが問題だ。練習に来なかったり、トレーニングを拒否したりしても、選手を追い出すことができない。しかし、私にはできる。温水浴をしたり、冷水浴をしたり、セラピーを受けたり、深夜まで取り組んだり……いったん私とチームを組んだなら、権限は選手にはない。協力するのが義務になる。もし選手が私のスタッフとの約束を守らず、冷水浴を拒否するという報告を受けたら、私はこう言うだろう――「さっさと浸かりやがれ」。私のあずかり知らないところで何か劇的なことが起きて、私の考えが変わらないかぎり、24時間以内に選手はバスタブに浸かることになる。

たしかに、心地いいことではないが、なにも私は「好きになれ」と言っているわけではない。結果を強く求めれば、何をするかはどうでもよくなると言っているのだ。もし選手の気分がよくなる結果になるなら、私も不快なものを受け入れる。私が偉大なアスリートたちのコンディションのレベルを保ち、健康を維持すれば、みんな満足するだろう。しかし私にとっての挑戦とは、すごい選手に引き上げ、さらに高みへ導くことだ。ジョーダン、コービー、ウェイド、殿堂入りした選手たち――アキーム・オラジュワン、チャールズ・バークレー、スコッティ・ピッペン――など、数多の選手たちが私のもとを訪れるのは、現状では飽き足らず、完璧に近づけるために痛みに耐え、苦痛を乗り越えようとするからだ。私なら目標より高いところまで追いこんでくれると知っているからだ。さほど期待されていない凡庸な人だったら、何もかも改善される。それは誰でもできることだ。しかし、すでにその分野で最高のレベルにある人と取り組む場合、改善するチャンスはずっと少ない。あらゆる細部、わずかでも変えられるところに目を配り、少しでもよくするために取り組める部分をチェックする。最初、私はジョーダンしか見ていなかった。その後、ブルズのチームメイトが何人か加わった。ジョーダンはよくこう言っていた。「きみを雇ってるのは、僕をトレーニングしてくれるからじゃない。きみに他の人のトレーニングをさせないためだ」。ジョーダンは他の選手に優位に立ってほしくなかったのだ。

お世辞のように聞こえるけれど、ここには真実が含まれている。選手自身が動こうとしないかぎり、誰かがやってくれるのを待っているかぎり、どんなトレーナーもコーチも専門家も選手をさらなる高みに引き上げることはできない。すべてはあなたにかかっている。こうしたことを語っているのは、私が選手にどんなことをしたのかを知ってもらうためではなく、あなたが自分のために何をしなくてはならないかを知ってもらうためだ。

どんなことでも成功を求めるなら、最低でも苦痛を心地いいと感じる必要がある。もう無理だと思っても、とにかくやらなければならない。最後の1マイル、最後の1セット、最後の5分、シーズン最後の試合でも最初の試合と同じぐらい激しくプレイしなければならない。身体が悲鳴をあげ、消耗しきって、「もう無理だ、くそったれ」と言ってきても、もっとがんばって、自分に言い聞かす。「いま、やるんだ」

あなたが身体をコントロールしているのであって、身体があなたをコントロールしているのではない。恐怖も感情も身体にかかるストレスも遮断すれば、恐れていることでもやれる。形だけやってるふりをするのでもなく、終わるまで時計を見ないこと。始めたことに精力を注ぎこみ、いまいる地点を乗り越えて何度となく自分を追いこむ。

これはハリウッド映画でもなければ、音楽が鳴り響き、特殊効果が施されたシューズのＣＭでもない。ドラマもなければ、心地いい結末もない。トレーナーが敗残者を成功まで導く、心あたたまるあいまいな結末の物語でいい気分になりたいなら、『ロッキー』を観ればいい。でも、これは現実なのだ。もし私とのトレーニングの最中にあなたが気を失ったとしても、もう一度立ち上がれるように、思いやりと応援の意を込めて見守りはしない。呼吸しているかどうかを確かめたら、あなたをそこに残して立ち去るだけだ。やがて意識を取り戻し、吐いたものを片づけ、私を探しにきたら、トレーニングを再開する。

私たちはいつでもトレーニングに立ち返る。

身体にショックを与え、精神を揺さぶってどこまで耐えられるか、選手をどれだけ追いこめるかを確かめる新しい方法を、私は常に考え出す。普段やっていることを何度も繰り返していたら、同じ結果しか得られないだろう。私の目標は、ジムの外で起こることがすべて楽に感じるほど、ジムでのトレーニングをきつくすることだ。選手を試し、あらゆる引き出しを身につけるのを目標とする。実際におこなうときには、考えることは何もない。必要になる前にトレーニングをするので、いざというとき、選手は自分に何ができるのかわかっている。私とのトレーニングは、試合で経験するどんな状況よりはるかに過酷なので、何が起こっても考える必要がなくなるだろう。選手は、ただわかっているのだ。身体はあとからついてくる。

自分の限界を教えてもらえれば、さらにどれくらいできるのか私が示そう。問題は、その限界とはなんなのかだ。コービーがオールスターの試合で鼻骨を骨折し、脳震盪を起こした際、彼はレイカーズの次の試合に出ると言ってきかなかった。どうしてか？　コービーには、自分の身体がケガのトラウマに対してどう反応するか、そうした状況下で何ができるかを知る必要があったからだ。自分が本当にできることを知っている人はほとんどいない。それを知りたいと思っている人はもっと少ない。

自分の限界を超えても壊れないように追いこむことは可能だろうか？　あなたはどこまで行けて、どこにたどり着きたいのだろうか？　私といるときは１００パーセントの状態でなければならない。今夜何をしようか、とか、支払うべき請求書のことなど考えてはいけない。完璧な結果を求めて、完璧に集中するのだ。

私がクライアントに集中するとき、あらゆることに目を配っている。表情、心拍数、どんなふうに発汗しているか、どちらの足が震えているか、細部に至るまですべて見ている。それからあらゆる情報を取り入れ、すべてを処理し、決断を下す。こうすれば、半分の時間で倍の効果が得られるが、この点をもう少し押し進めたほうがいいだろうか？　とはいえ、選手には私の出した要求に応える気があるだろうか？　そういったことを考慮する。

私の仕事には、アスリートを深刻なケガや手術から復帰させることも多く含まれている。私はいつも選手にこう伝えている。「復帰しても前と同じではない、前よりよくなっている」と。そうでなければならない。なぜなら、ケガする前と同じ状態に戻っても、またケガをしてしまうからだ。そこで私は、以前よりハードなトレーニングを課す。だからこそ、前よりたくましく、力強くなれるのだ。

しかし、恐怖という要素が大きな障害になる。そしてよくあることだが、リハビリを始めると、ケガした選手は動くのを恐れてしまう。人生で初めて、自分の身体能力に信頼が置けず、自分の動きをコントロールできない。自分の身体なのに怖がっている。動きたがらないというのが、回復するうえで最も大きな障害の１つだ。そして、あなたがそうしたアスリートだとしたら、飢えるような欲求も集中力もなくしてしまっている。とりわけ、保証付きの契約書にサインしてある場合はそうだ。子どものころ、ケガをするということはチームでのポジションを失うことだった。そのときのことを思い出すんだ。だからこそ、動けるようになるために死に物狂いだったのではないのか？　ポジションを奪われてたまるかと復帰をしたのだ。プロのレベルではそうはいかない。でも復帰の準備が整ったのがわかるのは選手自身だけだ。レントゲンやＭＲＩを私は気にしない。心の準備ができていないなら、復帰はまだ早い。

そこで、私たちは基本的なことに立ち返る。歩き、肩を動かし、一度に１ステップずつおこなう。小さな動きで自信を取り戻していく。それがやがて大きな変化を生む。２、３日ごとに少しだけ危険を冒し、さらに挑戦を重ね、進んでいく。

だが、楽なものにはしない。そんなことをする必要はない。楽にしても、よい状態には戻るだろう。しかし、誰にも止められない状態を目指すなら、それなりの代償を払わなければならない。痛めつけはしないが、私が目的地まで連れていくと信じてくれないかぎり、達成できない。選手の準備が整っていない状況で追いこみはしないが、ほとんどの人より早く進める。自分のペースで進んでいいとなったら、望んだところにはたどり着けないからだ。

結果を出すための秘訣を頻繁にたずねられる。がっかりさせて申し訳ないが、そんなものはない。秘訣などないのだ。あったとしても、想像しているものとはまったく違うだろう。プロのアスリートであれ、経営者であれ、トラックの運転手であれ、学生であれ、話はシンプルだ。現在の自分について自問し、どうなりたいのかをたずねる。そのためにどうするつもりなのかきく。そうしたら、実現するための計画を立てる。あとは実行するだけだ。

近道などない。1日に5分とか週に20分でできるトレーニングの話など私は聞きたくない。そんなものは、たわごとだ。そうしたワークアウトはソファから動いたことのない連中には「効果」があるだろう。彼らはそこらへんで5分間動いて、数キロカロリーを燃焼させるのだ。いいか、もしあなたの体重が130キロあるのに何もしていなくて、私が週2回の運動を1カ月やらせたら、それで5キロは落ちるだろう。毎晩ポテトチップスを2袋と炭酸飲料を1リットル飲んでいるとして、それを1袋と1缶に減らせば、身体がカロリーの減少に反応していくらか痩せるだろう。だが、そんなものは「フィットネス」とはいわない。人を騙し、たわごとを根拠にバカげた約束をする「プログラム」が、私は大嫌いだ。「手軽に」だの「お家で楽々」といったワークアウトの話を私の前ではしないでくれ。「手軽に」や「楽々」といった言葉のつくワークアウトなどワークアウトではない。ワークアウトに対する侮辱だ。家でワークアウトすることはできるが、どんなことをするにしても「楽」だと感じたら、何かがとんでもなくまちがっている。

これはあなたの人生なのだ。どうしてエネルギーを注ぎこまずにいられる？　これはアスリートに対してだけ言っているのではない。成功に価値を置くすべての人に言っているのだ。想像してほしい。ここにすばらしい成功者がいるとしよう。だが、彼は適正体重より50キロも太っている。コントロール不能の依存症にかかったように食べてしまうからだ。それなのに、不健康な億万長者として満足している。世界じゅうであらゆる経済的な成功をおさめたので、みんなから崇められ尊敬を集めている。お金を使うのを手伝ってくれる「友だち」にも事欠かない。だが、セックスをするにも身体を使って何かするにも太りすぎているので、寿命を20年も縮めてくたばることになる。彼が懸命に働いた結果は、誰かの遺産になる。そのとき、経済的な成功が何になる？

人がワークアウトや食事制限を嫌うのは、心地よくないからだ。だが、ぜい肉のたっぷりついた欠陥だらけの身体を引きずっていて、どこが心地いいのだ？　腰の痛み、関節の障害、息切れ、糖尿病、心臓の疾患……私に言わせると、身体の不快感の85パーセントは肥満によるものだ。肥満と病気のせいで不快な思いをするのと、週に3回ジムで汗を流して不快なのと、どちらも選べるのに、身体をおかしくしてしまう不快感を選ぶ人がこれほど多いのはどうしてなのか？　誰か説明してくれないか？

体重管理をしなくてはならない人から、私にたくさん電話がかかってくる。そういう人は、ありとあらゆる栄養士に会ってきたというのに、ファーストフードの袋をもってやって来る。でも私にまかせれば、数週間でその余分な体重を落とせるだろう。エディ・カリーは私たちと組んで50キロ減量したおかげで、２０１２年にマイアミ・ヒートと契約できた。私たちなら、トレーニング・キャンプの前に落とさなくてはならない10キロを減量するお手伝いができる。

だが、自発的な姿勢がなくてはならない。昨年、野球のエージェントから１本の電話があった。春のキャンプの前に20キロ減量しなくてはならないピッチャーがいるという。そのための計画を始める前日、彼は自分で減量することにしたと言ってきた。「本気なのか？」と私はたずねた。20キロ落とすのはそれほど簡単ではない。長年のひどい食生活とトレーニング習慣のせいで増量してしまった場合は特にそうだ。彼は本気だった。それが彼の決断だった。「うまくいくといいですね」と私はエージェントに伝えた。「彼は８カ月で試合から外されますよ」

それについては私がまちがっていた。実際は４カ月だった。

あなたが減量するために私のところにくるなら、始める前に最後の食事をするといい。５週間かけて身体の調子を整える。私に会いに来て、ドアを通った瞬間から始まっている。そして嘘をついたり、友だちの皿からポテトをいくつか盗み食いしたり、いとこの結婚式でこっそりビールを何杯か飲んだりしなければ、始めてから３週間で10キロ落ちるだろう。食事も私が決める。食べていいものとだめなもののリストを渡す。専用の料理人もつける。あなたの妻か母親と面談し、あなたが毎日飲んでいる８リットルのオレンジジュースにどれだけの糖分が含まれているかを教える。あなたは決められたことに従わなくてはならない。

その人の本性を知りたかったら、糖質をデトックスする様子を観察すればいい。本当だ。これは「低炭水化物」ダイエットでもアトキンス式ダイエット〔低炭水化物・高タンパクのダイエット〕でもない。糖質の摂取をなくすのだ。ほとんどの人は食べ物にどれだけ糖質が含まれているのか知らないので、食べていいものといけないものを書いた案内を渡す。そこにはこんな注意書きがしてある。「プログラムがうまくいっているとわかるのは、片目の奥で頭痛がしたり、吐きたくなったりしたときです」。始めて2日以内に身体がひきつり、汗と冷や汗をかき、臭いおならが出て、頭がおかしくなりそうなほど喉が渇き、ヘロインやコカイン依存症の患者のような震えに襲われるだろう。10日かけて身体から完全に糖質を抜く。最悪の2日が過ぎれば、そこからよくなりだす。あなたがごまかしたら、すぐにわかる。トレーナーたちに同じ経験をさせているので、彼らもどんな感じか心得ている。

ある人がデトックスの期間中にジムにやって来る。私はどんな気分かたずねる。いい感じだよ、と彼は言う。いい感じだ、と。ふむ。

翌日、同じ質問をする。どんな気分だ？　いい感じだよ、問題ない、と彼は言う。もう1日待とう。気分はどうだ？　続けられそうか？　ああ、だいじょうぶだよ。

オーケー、おまえはどうしようもない嘘つきだ。計画を台なしにしたいなら、よそでやってくれ。簡単ではないのはわかる。だが、楽をしたままではよい結果は期待できない。自分を追いこめ。苦しい思いをするのを恐れるな。私たちは失敗に取り組んでいる人を助けることはできない。

私が好きなのは、結果を求めるあまり「もっと厳しくしてくれ」と私に挑んでくる人だ。時期尚早であればそう伝えるが、私としては、こっそり追加のワークアウトをしているのを見つけるほうが、雑誌の表紙撮影やシューズの宣伝のためにワークアウトをさぼっているのを知るよりずっといい。私とのワークアウトのおかげで、撮影の依頼がくるようになることはあっても、その逆はない。

２００７年に膝の手術をしたあと、ウェイドはウェイトルームで厳しいトレーニングに励んでいた。試合に出る許可を出す前に、足首、膝、腰の手術を受けてリハビリした選手には全員それをさせている。パッドの入った１２０センチの高さの円筒の上に立ち、ジャンプして床に下りて、もう１つの円筒の上にジャンプして乗る。身体的にも精神的にも楽ではない。このトレーニングによって、ウェイドの身体が負荷に耐えられるのかわかる。だが同じように大切なのは、ウェイドの頭が自分の身体を信じる準備ができているか、それとも、自分の能力を発揮するのにおびえているのかもわかることだ。ジャンプして乗るフィジカル面での課題より重要なのは、ジャンプして下りる恐怖に打ち勝つことだ。

そのように、ウェイドがこの厳しいトレーニングをしているとき、他の選手もたくさん近くでトレーニングしていた。数日後、スタッフのトレーナーたちが口々に言いはじめた。「他の選手たちが密かに同じトレーニングを試している。誰もいないすきにウェイトルームに忍びこんで、ウェイドがやっていたことが自分もできるか確かめようと、円筒に跳び上ったり跳び下りたりしている」と。しかも、そうしていた選手の大半はジャンプのトレーニングを嫌っていた。それでも、どうすれば自分にもできるのか、確かめずにはいられなかったのだ。クリーナーのいるところでは、スイッチは切られない。いつもスイッチが入っている。

私にとっていちばん難しい問題は、まだプレイする状態にない選手からボールを遠ざけておくことだ。偉大な選手をケガや手術から回復させる際、リハビリや復帰について詳細な計画を立てる。そして最後に、コートに入るのを許可する。しかし、5分とボールから手を放したことのない相手にそのことを伝えるのは難しい。

わかりやすい例が偉大なるチャールズ・バークレーだ。私が出会ったなかでおそらく最も運動能力に秀でていて、あらゆる意味でクリーナーだ。バークレーは膝の手術のあと、私とリハビリに励んでいた。「手術した割れた膝蓋骨を固定しているあいだはコートから離れているように」と伝えると、バークレーは不満そうだった。

バークレーは殺意のこもった目で私をにらみつけ、「ボールをよこせ」と言った。それから、バスケットゴールの下に立つと、ケガしていないほうの足で跳んで、10回ダンクをした。ダンクを、片足で、10回も。膝を固定した足は一度も地面につかなかった。

私が求めているのはこういう男だ。思い切って自分を追いこむようなやつ。トレーニングを始めて3日以内で、私は相手のことならなんでもわかる。初日、彼は準備万端で現れる。私は彼に、いままで一度もやったことのないようなワークアウトをやらせる。2日目、彼は目覚めると、いままで気づきもしなかった身体の部位に痛みを感じる。そのせいで、トレーニングをさぼりたい誘惑に駆られる。しかしまだ2日目なので、痛むのはトレーニングをした上半身だけだ。そのため、彼はたいていトレーニングのためにやって来る。だが、上半身と下半身を鍛えると、3日目には乳酸が溜まった筋肉が悲鳴をあげる。最初の2日間と比べると、彼は見る影もないので、私は知るべきことを何もかも知る。48時間はお試し期間なのだ。痛みと疲労に耐えて彼がやって来たら、トレーニングを続けられる。もし無理だと言おうものなら……彼は来る場所をまちがえたのだ。ここの外には、その訴えに応じてくれるトレーナーがたくさんいるだろう。でも、私はそうではない。苦痛を心地いいと感じるようになれ。さもなければ、よそに行って挫折するといい。

1 あなたがクリーナーなら……

ゾーンに入り、何もかもシャットアウトして、コントロールできないものをコントロールする。

クーラーは試合前にみんなを盛り上げて気持ちを高める。

クローザーは試合前に自分を盛り上げて気持ちを高める。

クリーナーは盛り上がったり高ぶったりしない。冷静で落ちついたまま、すべてを試合まで温存する。


静かで、真っ暗で、独りきり。群衆のなかにいても、あなたの名前を叫ぶアリーナを埋めつくすファンに囲まれていても、いつも独り。頭のなかで、あなたにしか聞こえないうなりとともに独りでいる……外からの雑音はない。心を乱すものもない。いまこの瞬間は、あなたしかいない。あの暗黒面《ダークサイド》があなたを後押しし、内側で燃え上がり、あなたを駆り立てる……やれ。

やるんだ。心の声が聞こえ、鼓動の一拍一拍をコントロールする。あらゆるものをコントロールする。誰かが話しかけてくる……でも聞こえないし、聞きたくもない。試合のあとで、メディアや仲間や家族から、「あなたはおかしかった」「感じが悪かった」「無愛想だった」と言われるだろう。彼らにはわからないのだ。でも、あなたは気にしない。「自分だけの小さな世界にいた」──そう。そのとおりだ。出ていってくれ。放っておいてくれ。独りにしてくれ。

あなたはゾーンに入っている。

周りのみんなの感情が高ぶっているのがわかる。彼らは怖がっているのか、羨《うらや》んでいるのか、興奮しているのか、何が起こっているのかわからないほど無知なのか。だが、あなたは準備が整っているとだけ感じる。感情はない。なぜならゾーンに入った状態では、怒りが、静寂にも似た氷のような怒り──コントロールできない激しい怒りではない──が、皮膚の下で煮えたぎる感覚があるだけだからだ。暗いなかをゆっくり進み、襲われるまでその激しさが見えず、過ぎ去るまでその規模をはかれない嵐のような静けさがある。

これこそが、ゾーンに入っているクリーナーの存在感だ。

あらゆる感覚、あらゆるエネルギーを内に秘めている。さざ波ひとつたっていない……何が起こるのか誰にもわからない。ドラマとカオスは他の人の話で、あなたには関係ない。目前に迫ったもののために、あなたはすべてを温存している。

いったんゾーンに入れば、こちらのものだ。あなたは時間を支配できる。

仕事や才能に時間をかけても――学校に通い、ビジネスを立ち上げ、金を稼ぎ、肉体を鍛えても――結局のところ、成功するか失敗するかは、精神を集中させる力、自分の環境と他者の感情をコントロールする能力にかかっている。

考えてみてほしい。２本の足には52本の骨、38本の筋肉と腱、66個の関節、２１４本の靭帯がある。身体の反対の先には、頭のなかに軽量の脳が浮いている。骨、関節、靭帯、筋肉、腱の複雑な機能、それらによって身体がどう動くのか、そうしたことはほとんどすべて明らかになっている。しかし、脳の複雑な機能、どうして脳によって身体が動くのかについては、ほとんど解明されていない。

ゾーンによる信じられない力を体験した人なら、「それはきわめて穏やかな状態だ」と言うだろう。ヨガとはちがってリラックスした状態や和やかな状態ではなく、深く集中しているのだ。そしていったんゾーンに入ると、恐怖も不安も感情もなくなる。ただ、やることをやる。何にも影響を受けない。しかし、そのような説明しがたい状態にどうやって到達するのか。恐れもなく、力がみなぎり、完璧な自信をもってただ実行できる境地、語る人はいてもきちんと説明できる人のいない、内なる完全な静けさをどのように見出すのだろう？

確実に１つ言えるのは、ゾーンに入るにはきっかけ《トリガー》がある。攻撃し打ち倒すために必要な激しい競争心、高い集中力、飽くなき欲求に火をつけるような何かがある。トリガーは人それぞれ違い、ゾーンに入る方法は誰も教えられない。だが、私には説明できることがたくさんある。ゾーンはあなたの一部、私がダークサイドと呼ぶところから生じる（これについては後ほど詳述する）。正確には、自分を解放し真の自分になれたとき、人はゾーンに入る。そのときだけ、恐怖もためらいもコントロールすることができる。そのような、きわめて本能に根差した要素がなければ、燃料なしでライターの火をつけようとするようなものだ。小さな火花が散るだけで炎は燃えあがらない。

　私の役割には、火をつけるための燃料を探す手伝いもある。私にはそれがどこにあり、どのボタンを押せば爆発するのかわかっている。しかし、私はそのボタンを押したくない。あなた自身のために、あなたの手でそのボタンを押してほしい。そうすれば、爆発させるにはどうしたらいいのかが、あなたにもわかる。そのため、私は反対の方法をとる。つまり、そうしたボタンを引き出して、どこにあるのか教えるのだ――準備が整ったときに、あなたが自分で押せるように。こうしたものを誰かの手にゆだねてほしくない。あなたのボタンを誰かに押すことを許したとたん、その相手に負けてしまうからだ。ゾーンはあなただけのものだ。いつ、どのようにして火をつけるかは、あなたにしか決められない。

　いずれにせよ、火をつけることになるだろう。他の選手の話をして、あなたのためのボタンを引き出すかもしれない。コーチから聞いた話をもう一度して、別のボタンを用意するかもしれない。すばらしいパフォーマンスをしたなら、次の試合の前にもう一度同じことをしたほうがいいので、その夜どんな準備をしたのかたずねる。あるいは、あなたがひどいプレイをしているので、ホテルに戻って荷物をまとめろと伝えようか。そうすることで、さらに別のボタンが用意される。それから、ワークアウト中にあなたを焚《た》きつけるよう誰かに指示しようか。すると、ボタンが押され、ボンッと爆発する。それから1時間、誰もあなたを止められない。

いまあなたはゾーンに入っている。いったん入ったら、どうやって入ったのか、何が起こったのか思い出せないだろう。人によっては男らしさや能力を疑われることがトリガーになる。別の人は、出血を目にすることだ。肉体的な困難に直面することの場合もある。あなたが使える武器を見つけるまで、私はボタンを引き出しつづけ、どのボタンを押してゾーンに入るのかを見守る。何があなたに火をつけたのかわかったら、その火が消えないようにする。

実際に誰かがゾーンに入るのを見届けることはめったにない。たいていひっそりと静かに起こるからだ。しかし珍しいケースとして、世界じゅうが見守るなか、突然起こることもある。2012年のオリンピックで、アメリカはオーストラリアと対戦していた。前半、コービーは信じられないぐらい出来がよくなかった。そういうことがある。他のことを考えていたり、調子が悪かったり、何らかの理由で集中力を欠いたりしてしまう。そんなふうに試合に入ってしまった選手は、たいていどんどん悪くなって試合を終える。しかし、偉大な選手は流れを変えないといけないことに気がつく。コービーもそうした。わずか1分程度のあいだに4本のスリーポイントシュートを沈め、119対86でアメリカを勝利に導いた。「ブラックマンバ（コービーの愛称）の目を覚まさせるものを探してたんだ」と、コービーは試合後に語った。ゾーンに戻ろうとしていたわけだ。

私の知っているなかでも、プレイするときにいつでも完璧にゾーンに入れて、常にクリーナーでいたのはジョーダンだけだ。いくぶん調子が上がらない試合であっても、最終的にはゾーンに入ってしまう。私は、ブルズが72勝をあげたシーズンの、バンクーバーでの夜を思い出す。毎年11月におこなわれる長い遠征のせいで選手はみんな疲弊していて、ブルズが珍しく負けそうな試合だった。第4クォーターまでにジョーダンは10点しかとっていなかったので、グリズリーズのダリック・マーティンは軽くトラッシュトーク（試合中に汚い言葉や挑発で相手の心理をゆさぶる作戦）を仕掛けてきた。

マイケル・ジョーダンに挑んで優位に立つことなどありえない。ジョーダンはコートで立ち止まり、マーティンを見ると、首を振って言った。「寝た子を起こすなよ」。ダークサイドが告げる。「そいつをぶちのめせ」。すると、ジョーダンは攻撃モードになり、ゾーンに入った。その結果、誰にも止められなくなった。ジョーダンは信じられないようなプレイを続け、第4クォーターに19得点を上げ、ブルズを勝利に導いた。マーティンは試合終了のブザーをベンチで聞くことになった。

ジョーダンが挫けたり、感情を表したりすることはないが、ポジティブな仕草をすることはある——たとえば、プレイオフのポートランド・トレイルブレイザーズ戦の前半でスリーポイントを6本決めたあと、「どうなってんだろう?」と言わんばかりに肩をすくめた。ユタ・ジヤズとの試合で伝説が生まれた瞬間にはガッツポーズをした。常に前向きで明るく、チームやファンを盛り上げ、ジョーダンがすべてをコントロールしていることを示すのだ。たとえネガティブなことを感じても、決して表さない。これこそクリーナーだ。

軍隊で指揮官が後退したり、オフィスで上司が取り乱したりしたら、他のみんなにはどう映るだろう？　クリーナーが感情を表すのは、それ以外にみんなを導く方法がないからで、感情をコントロールできなかったからではない。

試合前に選手たちが踊って騒いで熱狂しているのを、私は目にしたくない。ファンやメディアにはおもしろいだろうが、そうして盛り上がると、宣伝じみた試合前のバカ騒ぎのイメージに意識が向き、やるべきことがおろそかになる。そのような騒ぎのあと何が起こるだろう？それで終わりだ。余計なことに集中力が削がれ、ＣＭの時間になり、すっかり気が緩んで、ゾーンどころではない。

真のリーダーはどうか。コービーは、株主総会に登壇するＣＥＯのようにコートに現れ、選手やレフェリーと握手を交わしてあいさつし、試合に入る。ジョーダンは試合前にハグや握手といった接触をしたがらなかった。チームメイトと拳を付き合わせ《フィスト・バンプ》、手を上げすぎず、いつも控えめにさりげなくハイタッチする。目は合わせない。選手紹介のあと、チームメイトを見てまわり、子どもを守る父親のように、みんなを落ちつかせる。「心配するな。おれにまかせろ」。すぐにみんなはそのことを思い出す。

クリーナーがタオルを振りまわして盛り上げながら先頭に立つことはない。クリーナーは独りきりで、気持ちも高ぶらせず集中して、最後に現れる。みんなが興奮し熱狂している重要な場面でも、クリーナーはみんなに落ちつくよう説いて回る。

試合中どんなことが起ころうと、ジョーダンはいつもコートの上で楽しんでいるように見えた。いったんコートに足を踏み入れたら、何にも左右されず、惑わされない。それがジョーダンのゾーンだった。ほとんどの人はあらゆることに左右されてしまい、状況が悪くなると、そこで倒れてしまいそうに見える。ジョーダンは、試合のために家やホテルから出発してから、夜遅く帰宅するまで、常に100パーセントゾーンに入っていた。だがコートにいるときこそ、正真正銘、まさにジョーダンだった。試合後、ジョーダンはインタビューを受ける前にトレーナールームに行く。記者は立ち入り禁止だ。ジョーダンはそこで着がえて、試合でプレイする真のジョーダンからみんなの思い描く〈マイケル・ジョーダン〉に切りかえるのだ。

そうできる人はほとんどいないし、それを望んでもいない。そこまで神経を張りつめ、絶えず責任を背負い、いつも自分しか入れないところに独りきりだと、ある時点で疲弊してしまう。いつかは息を吐きだして、力を抜き、緊張を緩め、ゾーンから出なくてはならない。しかしいったんゾーンから出ると、戻るのは簡単ではない。

ゾーンとのつながりが解かれるのは、光が消えるのを見るようだ。唐突に、雄々しいシルバーバックからおとなしい猫になる。自信をなくし、本当の自分の姿も忘れてしまうからだ。片膝の手術後に私と組んだギルバート・アリーナスがそんな具合だった。アリーナスは本当にすごい男で、試合を支配する姿はまさに破壊的だった。25点とってくるよう告げて好きにさせると、実行してくれる。複雑な話ではなく、ただ本能のままにそうするのだ。敵をあざ笑い、踏みつけ、完全にぶちのめす。かつてのジョーダンのように、相手が白旗を上げるまで苦しめる。だが次第にアリーナスは失速していった。コートでの性格が変わってしまい、相手の息の根を止める方法を忘れてしまったようだった。周りの人間もどう対処したらいいかわからず、アリーナスはただ下り坂を下っていった。

こうしたことは想像以上によく起こる。偉大な選手が、スイッチを入れて闘争本能を引き出す能力を失ってしまうのだ。とはいえ、多くの場合、人生のダークサイドに揺さぶられているのが原因だ。そうした事情がスキャンダル絡みで明るみになると、集中力をなくしていた理由が痛ましいほどはっきりする。そして、輝きを取り戻せるかどうかは、(a)とてつもなく破滅的なことが起こりショックで戻ってくるか、(b)何が起こっても非を認めないほど、誰にどう思われても、どう見られても気にしないでいるか、どちらか2つに1つだ。こうして失うものなどない歩くゾンビと化した男は、想像するかぎり最も危険な捕食者のひとりになる。

「リラックスしなよ、集中するんだ」と1日じゅう言いつづけることはできるが、そんなことになんの意味があるだろう？　なんの役にも立たない。選手自身はリラックスしてると思ってるのにできていない。そのため、うまくいかなくなった選手が求めているのは、自分のまちがいを教えてくれる人だ。何かを抱えている様子を、私はいつも見分けることができ、それを指摘する。「この癖が出てる、ピリピリしてるんだな」と。敵の目を見ずに目を逸らしているなら、緊張しているのがわかる。ショートパンツを握りしめ、目が泳いでいるなら、感情が高ぶっている。そして、自信を失って、相手にやられてしまい、相手のことを過剰に意識させられている。試合から押し出され、ゾーンに入っていない。

あれこれ考えてしまっている。考えるな。

ゾーンに入っているクリーナーであれば、余計な動きも混乱も予兆もなく動ける。何が起きるのか悟られる前に、それは起こっている。どうやって起きたのかもおぼえていないが、それが起こったことはわかる。コービーが言っているように、ゾーンに入っているのはわかっても、それについて考えることはできない。なぜなら、思考は邪魔だからだ。あらゆる動きに意図があり、その意図が何なのかはっきりとわかる。時間を無駄にすることなく、その動作が生じる。どんな状況でも周りが見え、わかっている人とわかっていない人を見分けられる。チームでも、仕事でも、どんな集団でも、お金のためにそこにいる人もいれば、やるべき仕事を理解している人もいる。複雑な軍事作戦のように、あらゆることに理由と結果がある。クリーナーが結果を求める純粋な欲求から動くのは、目的を果たさなければ失敗するとわかっているからだ。選択肢はない。

フリースローのときにどんなことを考えたらいいのか、プレッシャーを忘れ、観客や騒音といった集中を妨げるものをなくすにはどうしたらいいか、いつも選手からたずねられる。まず、これがいいという決まった答えはないので、自分にとって意味のあることを考えたほうがいい。だが理想は何も考えていないことだ。真にゾーンに入っているなら、公園や駐車場や練習場にひとりでいるように、そこには自分とボールとリングしか存在しない。こんなふうに言い聞かせるのもいい――「ただフリースローを2本打つだけだ。世界が終わるわけじゃない」。とはいえ、どうしても何か思い描きたいのなら、ポジティブなこと、あなたの子どものことやすっかりリラックスして幸せになれるイメージがいいだろう。

自分の空間をコントロールしたり、本能とのつながりを取り戻したり、もう一度自分のエネルギーに集中したりするにはいろいろな方法がある。そうするために、私は古い音楽を流すこともある。子どものころの記憶や感覚を呼び覚ますのだ。10年間も聴いていない曲を聴くと、うまくいっていたことを感じられる場所に連れていってもらえる。気分を盛り上げるような新しい曲は使わない。落ちついてリラックスしてもらいたいからだ。周囲からプレッシャーをかけられて変わる前の、ありのままの姿でいてもらいたい。すると音楽とは関係なく、驚くような身体の反応がある。まさに本能のなせる業だ。すっかりくつろいでいると、心拍数が安静時のそれからゾーンに入った状態まですぐに下がり、1分間に2、3拍遅くなる。笑顔になれば、正しい曲だとわかる。うまくいくと、そこには笑顔が生まれる。

根気よく続け、もう一度軌道に乗ったら、そこからは選手にまかせる。私にも誰にも頼ってほしくはない。私はただ正しい方向を指し示し、身を引く。マイアミでウェイドにもそうしたように、選手がストレッチやウォーミングアップをしているときに、選手の心を落ちつかせるためにメモを渡すこともある。ハーフタイムや試合終了後に子どもに会うようにしている選手がいる。ハグやキスをして、プレッシャーから解放されるのだ。子どもは得点が2点でも100点でも気にせず、ただ父親からのハグとキスを求めている。こうして選手は、試合の緊張感が解け感情が落ちつき、切りかわる。

だが、クリーナーはいったんゾーンに入ると、外部のあらゆるものから切り離される。個人的なこと、仕事のこと、その他どんなことが起こっていようと、ゾーンから戻るまでは何にも影響されない。本質的にゾーンとはそういうものだ。恐怖もなく、侵されることもない、完全に集中した状態だ。そこでは何も考えていない。なぜなら考えていると、あらゆるものに意識が向けられるからだ。ゾーンはそれとは正反対だ。目の前のタスク以外のすべてに対する思考を取り除いていく。思考はあなたをどこかに連れ去るが、ゾーンはあなたをいるべき場所にとどめる。そこは避難場所だ。そのなかに入れば、何からも影響を受けず、何にも傷つけられず、誰かに呼びかけられたりメッセージを送られたり、誰かと言い争ったり煩わされたりしない。終わったあとも問題はまだ残っているだろうが、あなたはまた時間と空間をコントロールし、何ものにもコントロールされない境地に達しないといけない。

ジョーダンが他の選手と一線を画す理由の1つは、あらゆるものをシャットアウトする能力が際立っているからだ。氷のように何人たりとも触れさせない。どんなことが起こっても、ひとたびコートに入れば、ジョーダンは敵を攻撃して打ち負かすこと以外――観衆も、メディアも、父親の死でさえも――シャットアウトする。自分が許したものを除いて何も入れないほど完璧な境界線を引く選手は、ジョーダン以外に私は知らない。万全なときのウェイドはかなり近かったかもしれない。ウェイドには、境界線のなかに入ると他のものをすべて忘れるスイッチがあった。だが大半の人には、境界線の外側のことがついて回る。偉大な選手であっても何もかも忘れられる人はほとんどいない。

キャリアを通じたジョーダンのシュート成功率が50パーセントなのを考えると――つまり、3人にマークされ、シュートを打つたびに2万台のカメラがシャッターを切ろうと、2回に1回はシュートが決まるのだ――、毎試合、毎クォーター、ひとつひとつのプレイのたびに、ジョーダンがどれほど深くゾーンに入っていたかがわかるだろう。ジョーダンは練習と試合で同じプレイができ、どんな状況でも変わらない。「試合だとスイッチが入るんだけどね」――こんなことを言うアスリートに私は耐えられない。そうではないのだ。ゾーンに入っていれば、状況の違いなど気がつかないし、気がつく必要もない。

しかしさまざまな状況下で、極限の集中力を繰り返し発揮できる人はほとんどいない。調子がよくなるところでは、最高のパフォーマンスが出せるというわけだ。どうしてチームはアウェイよりホームのほうが力を発揮できるのだろうか？　あるスタジアムでは他の場所よりパフォーマンスがよくなる選手がいるのはなぜだろう？　そうした人たちは、ゾーンに入る状況を再現できないのだ。環境に適応する術を本能的に察知するのではなく、頭で考えてしまい、違う空気に呑まれてしまう。結果を追い求めるのではなく、結果に対して受け身になってしまう。冷酷なまでに落ちつきはらうのではなく、自信なさげに心配してしまう。クールな自信を失い、感情が高ぶってしまう。これについてはまちがいない。人は感情のせいで弱くなる。

繰り返す。人は感情のせいで弱くなる。

手っとり早くゾーンから出るには、感情に身をまかせればいい。

怖いとき、人はひるみ、身を守るために壁を築く。そこには本当に壁があるのだろうか？　ない。それなのに、まるで壁があるかのようにふるまう。すると、壁のせいで前に進めなくなる。その壁に手を押しあててみれば、何もないのがわかる。壁は通り抜けられるのだ。だが、想像上の壁の前で立ちすくんでいるなら、うまくいかないだろう。

人は激しく怒っていると、食ってかかる。そういうときはたいてい理性を失っていて、衝動で動いている。すると、自制心をなくし、何をしようとしているのかもわからなくなる。冷静に気持ちを整えるのではなく、すっかり集中力をなくしてしまう。集中していなければ、失敗する。

誰かに嫉妬していると、意識もエネルギーも嫉妬する相手に向けられる。同僚が出世したとか恋人に新しい男ができたとかが問題なのではない。個別の事情ではなく、やるべきことをせず、余計なことに気を取られているのが問題なのだ。そうすると、だめになる。

感情に関する唯一の例外は、怒りだ。コントロールされた怒りは、正しく使えれば究極の武器になる。これは、内からも外からも制御できないほど爆発しそうな激しい怒りではなく、抑制してエネルギーに変えられる怒りのことだ。クリーナーはみな、ゆっくりと燃える青白い炎を内に秘めている。その炎をコントロールし、絶やさずにいられるなら役に立つ。そのような怒りが我を忘れるほどの怒りに変わることはなく、破壊的にもならない。怒りを正しい方向に向ければ、ジョーダンがバンクーバーで首を振ってから試合で圧倒したのも理解できるだろう。ジョーダンは誰かを殴ったわけではない。感情的にならず、落ちついたまま、静かな怒りを結果に結びつけたのだ。

しかし、それも紙一重だ。怒りをコントロールできなければ、激して、殴りつけ、レフェリーに食ってかかり、他の選手をにらみつけ、すっかり感情が高ぶってしまい、とてもゾーンに入るどころではない。

感情は集中力を削ぎ、自制心を失わせ、最終的にパフォーマンスを台なしにしてしまう。感情のせいで自分の気持ちに意識が向いてしまう。今は考えるべきときではない。きちんと準備を整えてゾーンに入り、優雅に目的をもって力を発揮するべきなのだ。余計なことに気をとられていては、そんなことは不可能だ。

もちろん、クリーナーだって人間なので、大きな試合の前には、他の人と同じように気が立ったり不安になったりぴりぴりしたりする。しかし、クリーナーと他の人との違いは、感情をコントロールする能力にある。クリーナーは感情に振り回されたりしない。ジョーダンでさえ重要な試合の前には落ちつかなくなると言っていた。「すべてを同じ方向に向けるんだ」と私は伝えた。そうした感情はなくならないが、それについてどう感じるかをコントロールすれば、不安な気持ちに呑まれてナーバスにならずにすむ。感情ではなくエネルギーなのだ。そこには大きな違いがある。

クリーナーはこう考える――自分がナーバスになっているとしたら、「感情」はどう感じているだろう？「私」に対処しないといけないのは感情のほうだ。

私としては、ルーティンのなかに自分を組みこんでもらいたい。そして、重要ではないプレシーズンのエキシビションマッチだろうが、ＮＢＡファイナルの優勝のかかった試合だろうが、そのルーティンを変えないでもらいたい。毎日していることをする。そうすれば、環境や状況を考慮に入れる必要はなくなる。何もかもが同じに保たれる。たとえ試合の前日でもこう言えなければならない。「オーケー、ここまでやるべきことはすべてやった。準備万端だ」と。そうしたら、家族や友人など気の置けない人と、好きなように夜を過ごす。あなたが必要とするものや、あなたのことをわかってくれる人。大事な試合の前に親戚一同をディナーに連れていけないことを理解してくれる人、自分の事情にあなたを巻きこまない友人など、支えてくれる人たちに囲まれていてほしい。感情がなければ、余計なプレッシャーもない。というのも、「ああ、明日は大事な試合なんだ、そっとしておいてくれよ」と口に出した瞬間、あなたは感情的になるからだ。そうするのは最悪だ。

２０１２年にマイアミ・ヒートがオクラホマシティ・サンダーを下す前夜、私とウェイドはアリーナで夜遅くまでトレーニングしていた。２、３分ごとにウェイドの電話が鳴った。チームメイトから「眠れない」「落ちつかない」というメールが届いていた。そうしたことを私は聞きたくない。プレッシャーに呑まれているのを表すことは、コントロールできていないということだからだ。サンダーの青二才どもは恐れを知らず、ファイナルで負けるのがどういう感じなのかもわからず、ぼーっとテレビゲームでもしているに違いない。彼らの大半はここまで勝ち進んだ経験がないからだ。とはいえ、そうした無邪気な状態は長続きしない。次の機会があれば、彼らも眠れなくなるだろう。

ジェットコースターがいちばん高い地点にさしかかったときの緊張の一瞬を思い浮かべてほしい。次の瞬間、ものすごい勢いで落ちていく。何が起こるのかも、それが恐ろしいのもわかっている。あなたは叫ぶだろうか？　パニックに陥る？　それとも、どんなことが起ころうと対処できるとわかっているので、恐怖を感じず落ちつきはらっている？　この違いが、恐怖に屈し感情をコントロールできない人とあなたとを分ける。

他の人たちが興奮しているあいだ、あなたにはずっと落ちついていてもらいたい。熱くなりすぎたものは冷めるだけだからだ。食べ物を新鮮なまま保存しておくにはどうするだろうか？

冷蔵するだろう。そうすれば、冷たいまま長もちする。照明が明るくなればなるほど、場が熱狂すればするほど、暗く冷ややかな自分自身の内に深く入りこんでいくべきだ。そこがゾーンだ。そこには本能しかない。他の人が、みんなは何をしているのかを確かめたり聞いたり観察したりするいっぽうで、あなたは暗闇を手探りで進んでいける。あなたは感じるままに進む。その場所に入りこめる人が、あなたの殺し屋《キラー》だ。

ゾーンに入る方法を見つけるのは、そうした本能を信じることから始まる。では、次に進むとしよう。

1

あなたがクリーナーなら……

本当の自分がきちんとわかる。

クーラーは考えなければいけないことを考える。
クローザーは考えて分析し、ようやく行動に移す。
クリーナーは考えずとも、わかっている。

誰もが悪い人間として生まれてくる。

残念だが、これは本当のことだ。悪い人間として生まれてきて、教化されて善い人間になる。よく聞いてほしい。もしあなたが同意できず、首を振って顔をしかめているとしたら、私たちはそれほど遠くにはたどり着けないだろう。もしどこか新しいところに行きたいのなら、くたびれた古い地図は投げ捨て、同じ行き止まりにしか行きつかない同じ道を進むのをやめなければならない。約束しよう。私たちが進む先にあるのは、あなたが行ったことのないところだ。

悪い人間として生まれてきて、教化されて善い人間になる。

あるいは、こう言ったほうがいいかもしれない。情け容赦《リレントレス》ない状態で生まれてきて、教化されて態度が軟化《リレント》する。

次のことを考えてほしい。人間は生存に欠かせない最も基本的な本能と結びついて生まれてくる。赤ん坊は生理的要求について考える必要などない。自分がどう感じるかを分析もしないし、計画も立てない。どうやって望むものを手に入れるか、計画を立てたり決定したりもしない。お腹が空いた、疲れた、おむつが濡れている、寒い、暑い、そういったことをただ本能的に理解する。そして、満たされるまで泣き叫ぶ。それは純粋で、言語習得前から生まれもった要求で、すぐに解消してもらうよう求める。赤ん坊と議論することも、赤ん坊を説得することもできない。自分の価値観を押しつけることも、すぐに食べられない理由を説くこともできない。赤ん坊は、いまどうなっているのかをみんなに訴える。そういうものなのだ。赤ん坊は本能に従って成長し、ほしいものを手に入れる。

赤ん坊は、完璧に、自然なかたちで、どこまでもリレントレスなのだ。

2、3年もたたないうちに、彼らは走りまわり、頭がおかしいかのように叫び、散らかし、口より髪の毛に食べ物をどんどん押しつけるようになる。どうしてか？　彼らが2歳で、本能がそうさせているからだ。

それから、「魔の2歳期」についての本を読んだ大人が、なにもかも台なしにする。

静かにしなさい、じっとしていなさい、走りまわらないの、泣くのをやめなさい、自分の番まで待ちなさい、ケガするわよ、お行儀よくして……どうしてお兄ちゃんみたいにできないの？　いい子にしてなさい！

大人は、このような力強い自然な本能を、即時的で本能に根ざした反応を、すべて取り去る。悪い行為と見なして、あらゆる手を使ってやめさせる。

なんてもったいない。こうした生まれつきのエネルギー、活力、直感、行動などがひっそりと時間切れを迎える。よちよち歩きのころから大人になるまで、人は「いい子」になるよう教えこまれる。ありのままで何が悪いというのだ？

情け容赦なく生まれてきて、教化されて態度が軟化する。

行動を制限され、従うよう教えこまれる前のことをおぼえているだろうか？　他のみんなの行動をじっと見て、選択肢を吟味し、他の人になんて言われるかを気にする前のことが記憶に残っているだろうか？　ある時点から、自然に思いついたことをするのを止め、言われたことをやりはじめる。おかしな衝動や発想や欲求を取り除き、誰も見えないところに押し隠してしまう。

しかしたった今この瞬間、あなたにも、誰にも見せない自分のなかに、教化されることや従順にふるまうのを拒絶する一面が残っているとわかる。それこそがあなたの本能の暗黒面《ダークサイド》だ。

それなしには、すごいことは成し遂げられない。

自由なままのライオンを思い浮かべてほしい。ライオンは獲物に忍び寄り、好きに襲いかかって殺すと、次の獲物を探しにいく。ライオンは本能に従ってそうしているだけで、他のことは知らない。まちがったことをしているわけでも、悪いことをしているわけでもない。ライオンはただライオンでいるだけだ。では、ライオンを動物園の檻《おり》に入れるとしよう。ライオンはひがな一日寝転がり、丸々として無気力なまま静かにしている。あの力強い本能はどうなったのだろう？　本能はライオンの奥深くに眠っていて、解き放たれるのを待っている。動物園の外に出せば、ライオンはまたライオンに戻り、獲物を襲って捕まえるだろう。檻に戻せば、また横になる。

ほとんどの人は檻のなかのライオンだ。ぬくぬくと飼いならされて、予測可能で、何かが起こるのを待っている。だが人間にとっての檻は、ガラスや鉄の柵でつくられていない。ひどいアドバイス、低い自尊心、くそみたいな決まりごと、できないことややるべきことを考えて苦悶することからつくられている。そうした檻がかたちづくられたのは、生涯を通じて考えすぎたり、分析しすぎたり、失敗したらどうしようと悩んだりするからだ。檻のなかに長くいすぎたら、あたりまえの本能すら忘れてしまう。

しかし、いまこの瞬間も本能はそこにあり、檻から解き放たれるのを待っている。そうすれば、もう檻から出たらどうしようかと思い煩わずにすむようになる。闘争本能は攻撃するのを待っている。

なぜ躊躇しているのか？

決められた道をただ進んでいくだけで、それなりに成功できているのだろうか？　そのとおりだ。ほとんどの人がそうしている。だが、特別な人の話をするなら、ものすごい人間になりたいのなら、これまでに教えこまれたこと、あらゆる制約や限界、消極的な姿勢、不安などをすべて無視する術を身につけなければならない。

話が複雑で混乱するというなら、シンプルにしよう。

考えるのをやめるんだ。

これはあたりまえのことだ。あなたには得意なことがあるか？　すごいと言えるほど得意か？　いちばんになれるのか？　本当に？

もし「ノー」と答えたなら、考えなおす時間をあげよう。

もう一度たずねる。いちばんになれるのか？

もちろんなれる。

では、どうしてまだ自分の能力に疑問を抱いているのか？

答えは明白だ。ある時点で、シンプルなものを複雑にしてしまい、自分を信じるのをやめてしまったからだ。

専門家、トレーナー、栄養士、コーチなど、スタッフ全員にすっかり困惑させられているアスリートから、たびたび電話がかかってくる。あまりにたくさんのことを言われるため、最初に偉業を成し遂げたときにあったはずの、本来の能力が失われてしまうのだ。ゴルフのレッスンを受けたことのある人ならわかるだろう。最初は自然にそれなりのスウィングをしていたのに、レッスンが終わるまでに、あまりに考えすぎて、そもそもどうしてゴルフを始めたのかもわからなくなってしまう。ありのままの本能を取り除いて変えようとすると、いつでも問題が起こる。本能を土台にすることも、何かを加えることも、発展させることもできるが、本能を飼いならすことはできない。鍛えるのと飼いならすのには違いがある。独力でやるより、鍛えてもらうことで高いレベルになったり、さらによくなったり、もっと先に進んだりできる。だが、飼いならすというのは、何かを減らすように訓練することだ。ボクサーのレオン・スピンクスが、あなたの仕事は何かと質問されて、こう答えたことがある。「くそったれをぶちのめすこと」。ただそれだけ。シンプルだ。複雑にしたり変えてしまったり教化したりして、違うものにしてはいけない。それがありのままの本能だ。手をつけてはいけない。

必要なものはすべて備わっている。人は、特別な役割を果たす本能と反射神経と完全に結びついている。だからこそ、ここまで生きのびた。そうした能力の使い方については考えなくていい。常に機能しているのだから。

反射作用は簡単だ。顔に向かってボールが飛んできたら、立ち止まってどうするか考えるだろうか？　そんなことはしない。ボールをキャッチするか、よける。そうしなければ、顔にぶつかってしまう。少なくとも、身を引くぐらいはするだろう。もし目の近くで何かを叩かれたら、まばたきをする。熱いものに触れたら、手を離す。人は生きのびるための基本的な能力をもって生まれてくる。それは自分の一部なので、教えることも忘れることもできない。反射が起こるかどうかなど考えなくてもいい。いつも起こるのだから。

本能というものをそのように思い描いてもらいたい。考えなくていい。それは準備が整っていて、自信に満ちた直感的な反応なので、何も考える必要がない。運転しているときに、前の車が突然ブレーキを踏んだら、どうするか考えるために車を一時停止したり、助言を求めて車を停めたりするだろうか？　そんなことはしない。何も考えず、ためらいもせず、ただブレーキを踏むだろう。経験と備えに基づいて、瞬時に反応する。考えたりしていたら死んでしまう。わかっているなら、実践できる。

スポーツをしているにせよ、会社を経営しているにせよ、コンセプトは同じだ。決断についで話し合うためにミーティングをする必要などない。ただ決断するのだ。本能はきわめて精巧に調整されているので、人には考えずとも攻撃できる反射による反応が備わっている。

つまり、ゾーンに入っている。

獲物に忍び寄るライオンの話に戻そう。物音を立てず、決然と、集中して、獲物には逃げる術はないと本能的にわかっている。ライオンはじっと待つ……待って……待って……やがて避けがたく獲物が弱った瞬間が訪れると、襲いかかる。終わり。次の獲物。ライオンは、どうするべきか、どう考えるべきかを教えてもらう必要がない。わかっているので、ただ実行する。

いずれコービーも引退する日がくるが（本書は２０１４年刊行。コービーは２０１６年に引退）、コービーにまつわるどんな話も闘争本能に関するものになるだろう。そして、そうあるべきだ。コービーは究極の捕食動物のようなアスリートだ。競争者《コンペティター》として狙いを定めると、その瞬間から何も彼を止められない。何も見ず、何も聞こえず、何も感じない。そこにはただ打ち負かそうとする欲求があるだけだ。彼と獲物を隔てるものは何もない。コービーは求め、欲し、血も涙もない殺し屋《キラー》のように襲いかかろうとしている。

しかし闘争本能については、あたかもTシャツにプリントされたフレーズのように、獰猛《どうもう》な競争者を表す適当な決まり文句のように語られる。テレビのコメンテーターは座って議論しながら、台本に書いてあるかのようにその言葉を口にする。「それで、いつになったら闘争本能が見られるんでしょう？」「ああ、たいてい第４クォーターでしょうね！」。彼らには何もわかっていない。

むき出しの闘争本能を実際に体感した人なら、数語で言い表せるものではないとわかる。そして、闘争本能があると自称する人にはめったに備わっていない。そうした力をもった人は語らないからだ。それについて考えもしない。行使するのみだ。

周りから考えるように言われることを考えないでいるのは難しい。コーチ、上司、家族、チームメイト、同僚……彼らはみな、あなたがすることを熟知していて、遠慮せずに口を出す。どんなスポーツでも、考えすぎてしまう偉大なアスリートがいる。あらゆる映像を研究し、何度も何度も同じ場面を観て、どんな動きも分析して、さまざまな状況に適切に対応できるよう備える。これこそクローザーだ。相手の動きにどう反応するかを学び、それに応じる適切な瞬間を待つ。だが、その瞬間が訪れなかったらどうだろう？　相手が予想外の動きをして、予想と違うほうに行ってしまったら？

クローザーは実際の試合に対するセンスをなくしてしまっている。むきになって映像で観たものを探すあまり、特定の状況を待ち、正しい答えを思い出そうとしてしまう。目の前の試合ではなく、どこかの誰かの試合をしてしまう。自分から動くのではなく、相手の動きに反応する。考えすぎで、分析しすぎだ。こうして、自分を偉大な選手に押し上げてくれた天性の能力を失う。

こういうことはコーチの身に常に起こる。攻守の基本的なプレイは熟知しているのに、映像を観すぎて、実際にコートで起こっていることに対する自分の視点がないコーチがいる。映像で観たことについてならどんなニュアンスでも伝えられるのに、実際の試合でお手上げになると、まるでコントローラーなしでテレビゲームをしているようになる。あてになる映像などないし、本能がなければ成功するチャンスもない。

自分の周りで起こっていることに意識が向きすぎると、自分の奥底で起こっていることとのつながりがなくなってしまう。練習では完璧なのに、大事な場面ではまるでだめな選手のことだ。こういうタイプは、ゾーンを見つけられず、自分の思考のせいで集中できず、自分を信頼できない。失敗する可能性についてすべて考慮し、みんながどうしているかについて考え、「できる」と確信するかわりに考えてしまう。

ジョーダンは考えないことについて名人だった。毎試合前、ブルズのコーチング・スタッフはチーム・ミーティングを開き、ゲームプランを確認し、相手と試合の展望について話した。資料が配られ、そこにはプレイのことや基本的な情報など、選手が確認しておくべきことが書いてある。ジョーダンは毎回、立ち上がって資料をつかむと、別の部屋に行ってしまったものだ。ジョーダンは、みんながどうするか、すでにわかりきったことを聞かされたくなかったのだ。そんなとき、ジョーダンに何が言えるだろうか？　何もない。たとえ知っておくべきことがあったとしても、誰かが教えるずっと前にジョーダンはもう知っていた。知っておくべきことと、それを知る方法がジョーダンにはあらかじめわかっていた。ジョーダンは決して試合まで先延ばしにしない。試合について完璧に理解していたので、何が起こっても問題なかった。準備ができていたのだ。

すべてのクリーナー同様、ジョーダンも相手のことを研究せず、相手が自分を研究するよう仕向けた。他の人は座って分析しながら、展望について熟考するが、ジョーダンにはそんなことは必要ない。自分の技術と知識がきちんと整理できているため、いかなる状況も支配できるとわかっていた。ジョーダンは長く厳しいトレーニングを積んでいたので、心身共にどうすればいいのかが、いつも反射的にわかる。ジョーダンにかかると、すべてが自動的になる。ジョーダンは同じ動きを何度も繰り返す。やがて、ジョーダンは何も考える必要がなくなり、ただ本能が支配するにまかせるだけになる。

偉大な選手は学ぶことをやめない。技術がなく、本能と才能だけでは、パワフルで高性能な乗り物を運転するティーンエイジャーように、無謀になるだけだ。本能とは、才能に見合った技術を磨けば、名作になりえる粘土のようなものだ。そのためには、自分の分野におけるあらゆることを学ばなければならない。

だが、真の学びとは机にかじりつくことではない。できるかぎりあらゆることを吸収し、自分を信じて、考えずに瞬時に使えるようになることなのだ。直感的ではあっても、衝動的ではない。すばやくてもあわててはいない。がんばってきた時間によって、どんな状況でも引き出せる内なる力が、尽きることなく生まれてくるとしっかりわかること。自分が何者で、いかにしてトップになったのかがわかるぐらい成熟し経験を重ねること。それを維持する精神的な強さをもつこと。

２０１２年のロンドン五輪のアメリカチームでは、コービーが最年長だった。33歳のコービーは、自分よりずっと若いスーパースターたちに囲まれて、ＯＧと呼ばれていた。伝説の人物《オリジナル・ギャングスター》という意味だ。コービーは、「若い選手たちから何か学べるか」と記者からたずねられた。

「いいや」。

「何もかもわかってる?」と記者がたずねた。

「何もかもわかってるかはわからないが、彼らよりはわかってるよ」

コービーがしていたように、1日に3回トレーニング施設に行き、シュートを打ち、試合のあらゆる細部にまで取り組めば、どんなことに対しても準備万端だろう。コービーは大量の映像を観て、あらゆるシュートを分析するだけでなく、映像から学んだことを執拗なまでに実践した。これこそクリーナーだ。ただ学ぶのではなく、学んだことを取り入れ、それを向上させる方法を生み出す。時間をかけて、自然に起きる反応という自分の武器をつくりあげる。そのためにがんばる気があるなら、あらゆる動きが本能的になる。ベテラン選手には特にそうだ。両足は元気だが頭脳はお粗末な青二才と比べて、ベテランの成熟した経験値と年季の入った本能は非常に貴重だ。彼らはそのことをよくわかっている。

むき出しの闘争本能を目にしたかったら、1988年のオールスターゲームのスリーポイントコンテストでデイル・エリスと競ったラリー・バードの映像を探すといい。バードは2年連続優勝していて、タイトルホルダーとしてその場にいた。そして、自分が優勝すると確信していたバードは、ロッカールームで他の選手にこうたずねた――「誰が2位になると思う?」。バードではないだろう。シュートを打つたび、ボールが指先から離れたとたん、バードはボールラックまで下がって次のボールをとった。放たれたシュートを1本も見届けなかった。決まったシュートもあれば、リングにあたって外れたシュートもあったが、バードはどれも見なかった。優勝を決めるシュートが入るときには、バードはもうコートをなかば離れベンチに向かっていた。ウォームアップ用のシャツを脱いでもいなかった。何もかも本能のなせるわざだ。バードには結果を見守る必要すらなかった。すでにどうなるかわかっていたのだ。

わかりきったことを教わるのを待つな。毎年、ダイエットやエクササイズについての本が何百万冊売れてると思う？　そういう本を手に取る人はひとり残らず、絶対にもう答えがわかっている。健康的な食事をとり、身体を動かすしかない、と。こんな栄養やあんな栄養を摂り、こんなふうやあんなふうに動いたところで、結果は変わらない。そんなことはわかりきっている。やるべきことはわかっているのに、あなたはその手の本を買ってしまった。誰かが何かを言ってくれるのを待っていたからだ。繰り返す。もっと健康的な食事をして運動をする――「3週間」とか「月に5時間」とか、どんな流行に乗ってもかまわないが、生涯にわたって実行することだ――と決断するかわりに、本を片手に座って状況を分析したわけだ。賭けてもいいが、本をもってソファに座っていて痩せた人間はいない。

答えを探すのをやめろ、と言っているわけではない。そうではなくて、自分自身について知り、自分がわかっていることを信じれば、自分の能力の上に積み上げることができる、と言っているのだ。それは科学ではない。本能は科学とは正反対のものだ。研究によって他の人が学んだことを知り、本能によって自分が学んだことがわかる。科学は他人の研究であり、本能はすべて自分に関することだ。見知らぬ人による見知らぬ人についての研究に基づいて、自分の決断や行動を決めるつもりだろうか？　あなたに「変われ」と促す以上のアドバイスは得られないのに？　自分よりも誰があなたのことを知っているのだろうか？

オプラ・ウィンフリーがかつてこう言った。「これまで下してきた正しい決断はすべて直感によるものだった。まちがった決断はすべて自分の声を聞かなかった結果だった」。そのとおりだ。もちろん、彼女は25年間、自分自身の直感よりも彼女の意見を聞きたい人たちのためにトークショーの司会を務め、視聴者に、誰を信じ、何をして、どんなふうに変わればいいのかを伝えてきた。毎日、何百万人もの人々が、他の人の基準に照らし合わせた生き方を指示され、それを受け入れるために、「自分のやっていることはまちがっている」と言われるのを聞きに来た。

次のことを理解している人が、そのなかにひとりでもいるだろうか。

人は変わらない。何百万ドルを稼いだり失ったり、出世したり失業したり、20キロ太ったり痩せたりしても、同じ人間のままだ。まったく同じなのだ。環境や伴侶や仕事をかえても、同じ人だ。どんなことをやってみても、一時的なことにすぎず、遅かれ早かれ本来の自分に戻っていくだろう。

ウェイドに渡さなかった紙片のことをおぼえているだろうか？　「心から望むものを手に入れるためには、まず本当の自分にならないといけない」

それがクリーナーだ。内面を覗きこめば、本当のことがわかる。外側に目を向けても、イメージや周りが見せたいもの、つまり真実に見せかけたものしか見えない。自分に問いかけるんだ。外からのプレッシャーや期待をすべて払いのけ、ありのままの自分でいるのはどんな感じがする？

あなたは「そんなに簡単じゃない」と考えているだろう。ただ、簡単である必要はない。簡単なら、みんなやるだろう。何事もたくさんの人が手を出すのに、成し遂げられるのはひと握りしかいない。どうしてか？　自分はやり通せる、と信じていないからだ。失敗する可能性が頭をよぎり、二の足を踏み、自分より他人の声を聞きはじめてしまう。誰にでもすばらしい発想があり、その発想を実践することで、自分の姿が明確になる。クーラーは考えたことが脳から口にたどり着く。クーラーは意見や承認を求めて、それについて語り、議論し、他の人と共有しないではいられない。クローザーの場合、直感に向かってまっすぐ進むものの、気持ちのほうにそれてしまい、感情やさらなる思考によって動きが鈍る。だがクリーナーは、考えたことがそのまま直感に伝わり、本能によってすぐに行動へ変わる。

いずれにせよ、これがクローザーとクリーナーの決定的な違いだ。クローザーは自分の望むものについて考えるが、クリーナーは感じとる。クローザーはどういう結果になってほしいか心に伝えるが、クリーナーの心はおのずと決まり、それについて考える必要はない。直感に対する確信があるのだ。ほんの一瞬だけ「自分はできる」と考えてしまうか、何ひとつ考える必要がないかの違いだ。

すごい選手であれば、自分の本能を信じる。誰にも止められない選手なら、本能が自分を信じている。

本能が戦いを終える方法を教えてくれる。外からの指示をうんざりするほど聞かされていると、確信をもてないまま、役に立たない些細なことを山ほどやってみるはめになる。しかし自分を信じていれば、いちばん重要なことに集中して、効率よくその仕事を成し遂げられる。ボクサーでいうと、チャンスをうかがいながらリングの上を動き回っていると、突然、待ちわびていた瞬間が訪れる。無駄な動きも、動揺も、失敗の余地もない。その瞬間を心のなかで何度となく再現し、準備ができているため、考える必要はない。どうするか正確にわかっている。それが本能だ。

自分について知っていることを信じるんだ。私が運動生理学の修士号をとると決めたとき、みんなが言った。「ああ、体育の先生になるんだね？」――いや、プロのアスリートをトレーニングするんだ。「ジムを経営できるね！」――いや、プロのアスリートをトレーニングするんだ。耳障りのいい言いわけと、たくさんのできない理由のせいにして、無力感にさいなまれることを許してしまったら、どこかにたどり着く可能性はゼロだ。直感を信じて、目的地にたどり着くために険しい道を進む。いつかそこにたどり着いたとき、直感だけを信じて自分の力で成し遂げたとわかり、その満足感と達成感に圧倒されるだろう。

考えるのをやめるんだ。待つのもやめる。どうすればいいのかもうわかっているのだから。

だが、本能は勝利の方程式の半分でしかない。ダークサイドの追求抜きにして、リレントレスにはなれない。それについては次章で語ろう。

1

あなたがクリーナーなら……

いい人であるよう説かれるのを拒絶する、暗黒面《ダークサイド》がある。

クーラーはダークサイドと戦おうとして負ける。
クローザーはダークサイドの存在を認めるが、コントロールはできない。
クリーナーはダークサイドから得たむき出しのエネルギーを自由に使う。

ジキル博士とハイド氏の話は知っているだろう。みんなに尊敬されている立派な医師が、一時的に邪悪な人格に乗っ取られる薬を見つけ、気がつくと、しばらくは何も気にせず、恐怖や道徳や感情から解放された状態を謳歌する話だ。彼は人生で初めて、教えられたことではなく感じるままに行動する。

ジキル博士は決まりごとに従っておとなしく生きている。ハイド氏は衝動と本能のおもむくままに行動する。ハイド氏は、ジキル博士のゾーンのなかにだけ存在する。やりたい放題やり、その結果どうなるかも、その過程で誰かにひどいことをしても気にしない。

ふたりは同じ衝動を生まれもった同一人物だが、ジキル博士がハイド氏になったときだけ、その衝動を解き放つことができる。ジキル博士は光のなかで生き、ハイド氏は影のなかに存在する。こうした本能は、ダークサイドが出てきてもよいときに現れるだけだ。

これこそ、この章で話題にしていることだ。もうひとりの自分への変身、ダークサイド、本当の自分に、本能に駆り立てられる自分になること。もちろん、ハイド氏はサイコパスなので、そこまで逸脱しろと言っているわけではない。だが自分の殻を破り、次のレベルにたどり着きたいなら、抱えているものは置いてこなければならない。「温厚な」クラーク・ケントのスーツとメガネを脱ぎ捨てたスーパーマン、緑色になった超人ハルク、マントをまとったバットマン、月に向かって吠える狼男のように。それは、自発的にせよ無意識的にせよ、あらゆるたわごとや抑圧を切り捨て、やりたいようにやり、本能に身をまかせて最高のパフォーマンスを発揮する能力のことだ。そこには恐怖も制限もない。行動と結果があるのみだ。

本能についてどう話を始めたか、おぼえているだろうか？　悪い人間として生まれてきて、教化されて善い人間になる。

ダークサイドにようこそ。

あなたのなかには、あなたを行動に駆り立てるすばらしい力が眠っている。あなたの一部はふつうであることを拒絶し、飼いならされず、むき出しのままでいる。それはただの本能ではなく、闘争本能だ。ダークサイドには本性が残っていて、そこで人は口には出せないものを欲している。それが本当の自分だとわかっているので、他人にどう思われようと気にしないし、できることなら変えたくない。

変えることなどできない。誰も本当の意味では変わらないのだから。

変えようとすることはできる。誓いを立て、助けを求め、本を読み、自分の本性を抑圧する方法を学ぶことはできる。だが、内に潜む本性は変わらないし、そうでなければならない。それが本当の自分だからだ。セックス、金、名声、権力、成功など何を望むにしても、望んでいるものを教えてくれて、手に入れろと駆り立てるのは、よくも悪くもありのままの本能なのだ。

というわけで、ダークサイドなどないとあなたが言い張る前に、断言しよう。誰にでもダークサイドはある。

自分ついて誰にも知られたくないことを、いま、頭のなかで思い浮かべてほしい。誰にも知られないからだいじょうぶだ。抱えている秘密、採用している処世術、欲求、欲望、自尊心、抱くべきではないと知りつつ抱えている欲……。

それがダークサイドだ。あなたにはそれが必要なのだ。なぜなら、たとえまだ気がついていないとしても、ゾーンに入るために、望むことを達成するためには欠かせないからだ。

実際、私は意欲にあふれた成功者をたくさん知っているが、例外なく、全員にダークサイドがある。彼らの並外れた能力は、すべて深いところにある激しい何かに駆り立てられていて、それが燃料となり持続している。「偉大である」と示したい情熱、性的なエネルギー、不安な気持ちなど、人それぞれ違うが、大事なのは誰にも見えない自分自身のダークサイドに向かうことなのだ。ほとんどの人にとって妨げとなっている安全策や重大な選択肢を手ばなし、捨て去るのだ。

正直に答えてほしい。スポーツ界、ビジネス界、ハリウッド業界、政界のリーダーなど、どんな分野であれトップに名を連ねる人たちのうち、スキャンダルに巻きこまれないと断言できる人は何人いるだろうか？　著名人でなくても、世間に知られるようなスキャンダルでなくてもいい。そうした力もった人のうち何人が道徳的、倫理的、法的、婚姻的、経済的、個人的ないざこざに巻きこまれないと言い切れるだろうか？

それほどたくさんではないだろう。

何が言いたいかわかるだろうか？　そもそも、そうやって彼らは力をもったのだ。彼らは悪い人間ではないが、誠実で満ち足りたジキル博士では満足しない。社会通念にしたがえば、トラブルに巻きこまれない理由が、誘惑に屈せず、潔白な生活を送る理由がいくらでも見つかるだろう。しかし彼らにとって、慣習にしたがうとは平凡で満足することであり、平凡なままではトップにはなれない。

政治家、ＣＥＯ、アスリート、セレブリティなどが何かしら「スキャンダル」に巻きこまれた話を耳にし、「なんてバカなんだ」と首を振るたび、あなたは彼らのダークサイドを直視している。彼らは自分の行動を心得ていて、実行する前にどうなるかもわかっていた。それでもやったのだ。

その気になれば、自分の行動をコントロールすることもできたのだが、しなかった。なぜか？　勝つことに慣れていると、あらゆることで勝ち続けたいからだ。コントロールできないものをコントロールし、行く手をはばむものを打ち倒す飽くなき意欲。これこそが「本当の自分になれ」と駆り立てるダークサイドだ。大きすぎたり怖すぎたり危険すぎたりする挑戦などない。失敗する恐怖などないからだ。まったくない。満足感はリスクから生じるわけではなく、支配することから生じる。「支配者は私だ」

挑戦すればするほど、さらに力強さを感じる。強烈な自信と強固な自己がなければ、何かでトップにはなれない。リスクの危険性を見分ける本能を信頼しているから、他人がとらないような大きなリスクをとり、トップにたどり着く。ゾーンの縁に立っているとき、あなたを駆り立てて「行け」とささやくのはダークサイドだ。

ダークサイドは燃料であり、エネルギーだ。あなたを盛り上げ、緊張感を維持し、もう一度活力を取り戻させ、エネルギーを満タンにしてくれる。ダークサイドは現実逃避の1つであり、気分を晴らし、いっときストレスを解消してくれる唯一のものだ。ある人にとっては、それはセックス、しかも背徳的なセックスだ。別の人にとっては、運動や飲酒やゴルフのこともある。異常なまでに働いたりギャンブルをしたり浪費したりする場合もある。ダークサイドとは、個人的な挑戦を生み出し、支配される前に支配するための試練を課す、成功への執着と同じくらい強力な執着のことだ。

ダークサイドが病的だったり邪悪だったり犯罪的だったりする必要はない。善人でありながら、飼いならされずにいる部分をもつことも可能だ。古典的なスーパーヒーローたちを考えてみよう。スパイダーマン、スーパーマン、バットマン、彼らはみな善のために戦いながら、暗い生活を送っていた。闇とは単に日の目を見ない一部分、それに基づいて行動するまでは内面にあるものなのだ。そしてひっそりと、あなたの秘密を守ってくれる信頼できる相手とだけ行動に移される。ここで話題にしているのは、きわめて個人的なふるまいと基本的な本能についてなので、そこに何があるのか、本当にわかっているのはあなたしかいない。幼いころから、ダークサイドにあるものは悪いものだと教えられてきた――触ってはいけない、見てはいけない、口に出してはいけない。そのため、そういうものは考えないよう教えられ、ほしがってはいけない、もつこともできないと学んだ。しかしそのせいで、むしろ余計に欲するようになり、本当の自分を隠していることに苛立ち、自分に対して真実を認め、やがてずっとやりたいと思っていたことを実行する。

安全なところにとどまるのは制限されることだ。だが、リレントレスであろうとするあなたを制限することなどできない。

やりたいことと「正しい」とわかっていることとのあいだには、いつも葛藤がある。ダークサイドが戦うのは、その「正しさ」だ。しばらくのあいだ、格闘することはできるが、勝つことはない。なぜなら、ダークサイドを抑えつけることはできないからだ。コントロールしようとしたり、抑えようとしたりすることはできても、けっして抑えこむことはできない。いつも立ち上がってきては、あなたを支配しようと格闘を続ける。気の毒なジキル博士に何が起こったか考えてみよう。彼のダークサイドであるハイド氏が自ら現れるようになったのがわかると、ジキル博士は結局自殺してしまった。彼はもうハイド氏を抑えられなかったのだ。

クリーナーは自分の衝動をコントロールし、衝動に支配されない。ダークサイドとは愚かなリスクを冒して、面倒なことに巻きこまれることではない。それは弱さを表している。あなたは欲求を感じ、それにしたがって行動することもできるし、しないこともできる。自制心が他の人とあなたとを分けている。自分で選択すればいつでも、立ち去ることも抑えることもできる。酒に手をのばすのは飲みたいからであって、必要だからではない。魅力的な女性と付き合い、楽しむけれど、深入りはしない。もう1時間ブラックジャックのテーブルで過ごし、勝っているうちにやめることもできる。家にいたほうがいいとわかっていながら、夜遅くまで会社に残る。あなたのようにしようとして、挫折する誰かの姿が目に入る。

そうして、勝てるものを次から次に見つけていく。リレントレスとはおさまることのない飢えだからだ。クリーナーは成功した途端、興奮状態がおさまり、さらに何かを求め、それを手に入れる。結果を出すことで高揚するあまり、現実に戻ってくるのが難しくなる。その恍惚《こうこつ》を何度も何度も味わいつくし、いつも完全な満足を噛みしめたがっている。

しかし、満足感がたまにしか得られなかったらどうなるだろう？　スポーツでは、チャンピオンになれるのは1年に一度しかない。あらゆる競争、苦難、犠牲などが、1年に1回のチャンスのために払われる。それで終わりだ。たったの一度。勝てなければ、もう1年、さらにもう1年と続く。

もしあなたが攻撃をしかけ勝つことに強く結びついていたら、そのスイッチを入れたり切ったりはできない。それがあなたであり、あなたの本質だからだ。力を出しつくすこともなければ、決して満足もしない。ここで話題にしているのは、来る日も来る日も、毎年毎年、トップになり、それを維持することについてだ。トップに立ち、それでも向上したいと思う。ただ成功について考えるだけでなく、努力して、何度も何度も実証する。1日たりとも休まない。そうした欲求を満たすかわりに何をするというのだ？

クリーナーは何かを勝ちとらなければならない。飢えているので待ってなどいられない。支配しコントロールできるもの、研ぎ澄まされ競争に身を置きつづけられるものを求める。だからこそ、次の征服に向けて動きつづけられる。クリーナーは何かに挑戦する。空白を埋め、他では得られない飽くなき競争心を満たすために、独りでできることをやってみる。闘争本能をもった情け容赦ない捕食者のように、ゾーンにとどまっていられるものを探す。

毎日ジムにやってきて誰もやりたがらないことをする能力は、ダークサイドから生じる。毎年、トップになり、それを維持する活力は？　ダークサイドだ。強力なダークサイドをもつクリーナーはどんなものを選んでも成功できる。その進路は、家族や環境や文化によって早い段階から決まっていることが多い。いずれにしても、そういう人は何かでいちばんになる。人生においてよい意味で影響を受けると、ビジネスや競技の道に向かうだろう。悪い意味で影響を受けると、罪を犯す道に向かってしまう。実際のところ、有力なビジネスマンと犯罪組織のボスとアスリートの本性のあいだに大きな違いがあるだろうか？　彼らはみな自分の分野では「キラー」だ。いちばんになることに駆り立てられ、競争相手をおびき寄せて叩きつぶす戦略は非道で、どんな犠牲を払っても勝とうとする欲求は容赦なく、彼らの獲物は手遅れになるまで狙われていることに気がつかない。必ずしも銃で葬る必要はない。彼らは技術や製品や精神的な武器で仕留める。彼らはみな自分の分野で秀でている。そして、彼らの目的は共通する。襲いかかり、支配し、勝つ。結果を得るためには何でもする。

同じことを何度もする。

クリーナーはダークサイドを引き離すために家に帰る。家庭が安全弁なのだ。だからこそ何かしら問題が発覚しても、結婚生活を続けようともがく男が多い。家庭しか安全な場所を知らないのだ。家庭では心地よさと安心感に包まれる。いっぽう、ダークサイドの力はどこか別のところから生じる。安全で愛されていると感じるために帰宅し、刺激を求めて外に出る。家庭は穏やかでぬくもりのある場所だ。外は興奮のためにある。あなたは認めたがらないかもしれないが、このことを否定はできない。本能に宿る熱はダークサイドから生じる。家族の食卓にはダークサイドの居場所はない。

クリーナーにはこのことがわかっている。それがクリーナーをクリーナーたらしめている。あなたがすでにクリーナーなら、何の話をしているのかわかるだろうし、それについて話題にすること自体が信じられないだろう。

ダークサイドは家庭で起こることとは無関係だ。人はそのことでダークサイドを非難しようとするが、そうした主張が言いわけだとわかっている。ダークサイドとは内面でどう感じているかの話であり、家庭であれどこであれ、誰も変えることはできない。それがありのままの姿なのだ。

そこで、クリーナーはまともな仮面をかぶる。これは自分のためではなく、大切な人を守るためだ。仮面の顔とは他人が望む人物像だ。そんなのは自分ではないと承知しているが――100パーセントの自分になれるのは、ダークサイドとつながっているときだけだ――、最終的にやりたいことをやるために、義務を果たす。

そうしてできるだけすぐに、ありのままの自分に戻る。クリーナーは人生のさまざまな場面に区別をつけない。何かに取り組むやり方が彼らの生き方そのものなのだ。激しく、競争を好み、衝動に駆られている。リレントレスであること以外に、他のやり方などありえない。何かを望んでいるとき、その強さを少しのあいだ適切にコントロールすることなどできるだろうか?

もちろんできる。でも、そうしたいと思うことはめったにない。勝つことしか考えていないときは、ただゾーンにとどまりたいと思う。あの暗くて冷ややかで、自分と自分の思考しか存在しない場所に。

必要とあれば、クリーナーは仮面もかぶる。

これについては、タイガー・ウッズより好例はない。いまでは有名な話だが、ウッズはそのダークサイドによって、妻ではない1ダースほどの女性と関係をもつようになった。もちろんプロのアスリートのなかには、そのくらいたいした数ではない人もいるだろう。しかし、ウッズは仮面をかぶり、ダークサイドを隠しながらそのようなことをしたのだ。ジキル博士がカメラに向かって笑顔を見せてCMに出演する裏で、ハイド氏が何もかも操っていたと発覚し、みんなぶっ飛ばされたわけだ。

ゾーンに入った人を見たければ、スキャンダル前のウッズの映像を観ればいい。まるで自分のためにつくられているかのようにコースを歩いている。ウッズの邪魔をする人がいたら、神に祈ることになるだろう。専門家はみな、ウッズのメンタルの強さを話題にしたがる。ウッズの父親は、バックスイングの最中にわざとクラブを落としたりカートを動かしたりして、ウッズを鍛えた。母親は、コースに出たら「敵を殺して、心臓を奪え」と教えた。ゾーンに入るべく育てられたと評論家は言う。

その後スキャンダルが発覚すると、ウッズをゾーンに入らせていたものが、突然、明確になった。

淫らで痛ましい記事が次々に明るみになると、あらゆる意味で、ウッズのキャリアは崩壊していった。みんながウッズの私生活を詳細に眺め、判断し、分析することで、彼のダークサイドは消え去った。こういう種類のエネルギーは明るみにされると生き残れない。立ち上がって「ああ、それがどうした？」と言って、やっていることをそのまま続けようとしないかぎり、完全に力を失ってしまう。

それがダークサイドを隠しておく方法だ。

しかしウッズの状況は、公式に謝罪しなければいけないというプレッシャーから悪化した。実際、好感度の高い夫であり父親のイメージで何億ドルも稼いでいるのなら、ダークサイドは隠しておいたほうがいいからだ。

正直に言おう。長いあいだウッズを知っていて、彼を好きな人間として、あの謝罪会見は見たくなかった。会見などせず、次の日に戦う準備をしている姿を見たかった。

私の友人でありクライアントでもあるチャールズ・バークレーのように。バークレーはオーランドのナイトクラブで氷を投げつけられて、投げつけてきたまぬけを窓から放り投げた。ぶ厚い窓ガラスが粉々になった。氷であれなんであれ、バークレーに何かを投げつけてただですむはずがない。起訴が取り下げられたあと、裁判官はバークレーに、この経験から学んだことはあるかとたずねた。「ああ」バークレーは言った。「1階の窓から放り投げるべきじゃなかっ

いい人であるよう説かれるのを拒絶する、暗黒面がある。

た。3階まで連れていって、そこから投げればよかった」

謝罪の言葉はない。

このように自信をもって状況に対処するウッズを見たかった。ゴルフコースでは、ウッズは威圧的なキラーとしての名声を得ていた。うなだれたウッズなど見たくない。殺人を犯したわけではなく、不貞を働いただけで、これはウッズと家族の問題だ。CMの出演料がなくなるのを気にした？　勝てば、すべて戻ってくる。ウッズにはコースに出て、いまだ健在なキラーであり、さらにレベルアップして、試合を支配していることを示してほしかった。そうする以上に他の選手を威嚇する方法はない。「おれはこんな状況をくぐり抜けたのに、スコアが上がった。おまえらなんかにチャンスはない」――そう言ってほしかった。

こうした競争心がどれほど強くなれるのかをはっきりと示す例を挙げよう。アスリートやセレブリティのあいだでは、ウッズのように見つからずにいられるかを確かめる暗黙の勝負がおこなわれているようだった。「どうやってウッズはバレたんだ？」――彼らは不思議に思う。「おれはバレないぜ！」。もし勝負をしていたとしたら、ゲームから脱落してしまったウッズとは違い、同じような境遇にいる彼らは足を踏み外さずにいることが証明されたのだろう。勝利を求める新たな挑戦。優位なことを示す新しいもの。

「これを見ろ。おれがすっかり支配してる。支配なんかされてない」

「支配者はおれだ」

数年前、ある選手がビールを2、3杯飲んだあとでも能力を発揮できるか試してみたという。彼はコートに戻って目の前の相手にこう言うためだけに、ハーフタイムにビールを3本飲んだ――「おれはいまビールを3本飲んできたけど、おまえなんてぶっ潰してやるよ」。実際、彼はそのとおりにした。そのような挑戦はすぐに退屈になった。彼はチームメイトを何人かこのゲームに誘い、シーズンを通じて、誰がいちばんハーフタイムにビールを飲んでもいいプレイができるかを試すことにした。ある日は2本飲み、別の日は3本、4本……彼らはハードルを上げつづけ、しまいには、ふたりが相手チームのベンチに行ってしまった。そして、ゲームを発案した選手だけが残り、言った。「ハッ！　ぶっ潰してやったぜ！」

バカげた競争だし、まったく看過できない。しかし、できるかぎりあらゆる状況で、自分の能力に真摯に挑戦していないとしたら、他にどうやって自分に何ができるかを試せるだろうか？

それをダークサイドが担っている。善悪の法則を遮断し、自分の本当の姿や何ができるかを気づかせてくれるのだ。

私は飲酒過多な人と仕事をしたことがある。私は彼に、「問題があるなら解決しなければならない」と率直に伝えた。目の前には新たな挑戦があった。「これは問題なんかじゃない」と、彼は私に向かって唸るように言った。「見てろ、1カ月間飲まずにいる」。そして、彼は1カ月断酒した。挑戦に打ち勝ったのだ。

さあ、飲みたければ飲めばいい。アスリートがリラックスする方法を見つけることに問題は

いい人であるよう説かれるのを拒絶する、暗黒面がある。

ない。他の仕事に就いている人と同じだ。ストレスをどうにかしないとけない？　わかる。試合前の緊張をほぐすために、酒を1杯飲まないとだめな選手を何人か知っている。もし私がそれをやめさせたら、「うまくいっていたのに余計なことをしやがって」と、あとで責められるだろう。なので、必要ならば、その1杯のおかげでダークサイドが発揮され、ゾーンに入れるのなら飲めばいい。

あなたがコントロールしているかぎりは。

クリーナーの法則は、ダークサイドをコントロールし、ダークサイドにコントロールさせないことだ。あなたは喫煙したいと思うだろうか？　それとも喫煙せずにはいられないだろうか？夜遊びもそうだ。家に帰ったほうがいい時間をわかっているか、それとも試合を台なしにするほど遊んでしまうか。好きで飲酒するのか、プレッシャーをどうにかするのに酒が必要だからか。飲酒問題への対処は適切にできているだろうか？　おそらく。だが、それでは偉大な選手にはなれない。クリーナーは何かの影響下で何もおこなわない。クリーナーは自分の精神状態に重きを置くため、精神や本能や反射能力に影響があるものを許さない。自分とダークサイド、主導権を握っているのはどっちだ？

女性に目がない男がいた。彼は1年間浮気をしないと誓った。セレブなライフスタイルを送っていたアスリートではなく、彼は何もかももっている評価の高い経営者だったが、そのことを鼻にかけたりしなかった。そして丸1年、堅実な生活を送った。すっかりあわれな状態になったが、彼は自分をコントロールできることを証明しようと取り組んだ。そうすれば、家庭生活を改善できると思っていた（クリーナーには家庭のような安定が必要だからだ）。残念なことに、家庭のほうはすでにだめになっていて、結局は結婚生活も破綻した。その年の終わり、彼の友だちは笑いながら言った。「1年を無駄にしたな」。だが、彼は自分がダークサイドをコントロールしているのか、コントロールされているのかを確かめなければならなかったのだ。

ダークサイドの秘密が周知のことになると、たいてい誰もがそれについて判断を下して、こう思う——「自分をコントロールできなかったんだな。弱い人間だ」。だが、そう言う人はクリーナーではない。次のことを理解してほしい。クリーナーはみんなが賛同しないことでもあきらめたがらない。クリーナーにとって、それは弱さではなく強さであり、自ら選んだことだ。弱さとは、知られるのを恐れてほしいものをあきらめることなのだ。

クリーナーは自分の分身、自分のハイド氏を生み出す。分身が不意に現れるのではなく、自ら捕まえにいく。人生のある時点で、何かに挑まれて生き残り、その結果、「何が起こっても本能がなんとかしてくれるからだいじょうぶだ」という確信につながる。そしてどういうわけか、それでいつも問題がない。何もかも支配したいという欲求と、本能に対する信頼があまりに強いため、自分が負けるはずがないとわかるのだ。

正直に答えてほしい。すべての規則に従い、行儀よくふるまい、いちかばちかやってみることをしないで、クリーナーのように成功できるだろうか？　無理だ。他の人と同じように、失敗を恐れ、好かれているかどうかを気にしてしまうだろう。

ほとんどの人は、その分野で世界一の人の精神的気質や、そうなるまでにどんな経験をしてきたのかをまったく理解できない。自分の価値や習慣や視点と比べることもできない。ただ、できないのだ。考え方や心構えの優劣の問題ではなく、それがきわめて独自のものだからだ。

とはいえ、結論を言うと、クリーナーは自分や自分のダークサイドについて、何をどう思われようが気にしない。なぜなら彼は、自らが課すプレッシャーしか感じないからだ。そしてわかるだろうが、彼がそれで満足できるはずはない。

1 あなたがクリーナーなら……

プレッシャーを恐れず、プレッシャーを生きがいにする。

クーラーが「クラッチ」になるような状況にはならない。

クローザーはプレッシャーのかかる状況で「クラッチ」になる。

クリーナーはいつでも「クラッチ」だ。〔クラッチ＝ピンチを救う役目のこと〕

いますぐ次の言葉を頭から追いはらえ。

「クラッチの遺伝子」などというものは存在しない。

たとえあったとしても、あなたがほしがるようなものではない。

そうした表現をいつ耳にするだろう？　プレッシャーのかかる場面で、土壇場になって力を発揮し、奇蹟を起こしたときだ。

あいつは「クラッチ」だと誰もが熱狂する。それがどんなものであれ、私は寡聞にして知らないが、いわゆる「クラッチの遺伝子」について何日も白熱した議論が続く。「誰がもっていて、誰はもっていない」「どうやって見分けるのか」などなど、まるで見当外れの前提について話す。

クラッチの遺伝子など存在しない。

「襲いかかり決着をつけろ」と告げる闘争本能と、それをいつ、どのようにおこなうかを知るための備えが存在するだけだ。

準備＋機会、準備をしているところに、それを発揮する機会が訪れる。それだけだ。

あなたが真の競争者《コンペティター》であれば、常に襲いかかって打ち倒さなければいけないと感じ、それを生きがいにしている。プレッシャーがどんどん高まる場面を意図的につくりだし、能力があることを証明するために、自分を駆り立てる。決定的場面など待たず、自らの偉大さを知らしめるための架空の「遺伝子」など吹きとばす。あなたはあらゆることで、あらゆる場面で、自分の偉大さを示そうとする。

クローザーがクローザーと呼ばれるのには理由がある。彼らは最後になって現れる。クローザーがプレッシャーのかかる場面でチームを救えるのは、危なくなってから力を発揮するからだ。

クリーナーにとっては、どんな瞬間もプレッシャーがかかる場面だ。何もかもが常に危険にさらされている。

正直なところ、私だったら、誰かに「クラッチの遺伝子をもっている」と言われたら、侮辱されたと感じるだろう。重要な試合で力を発揮するというのは、賛辞などではない。他の試合ではどこに行っているのだ？　どうしていつも同じように安定して攻撃的に力を発揮しないのか？

いいだろうか。試合を決めるシュートを入れたり、サヨナラホームランを打ったり、フィールドを駆け抜け、2秒でタッチダウンにつながるパスを通したりする選手のインパクトは私にもわかる。望んでいるものを望んでいるときにみんなに与える満足感も理解できる。その瞬間に成功し、ヒーローとして帰還する劇的さも快感も衝撃もわかる。

だが、リレントレスであるとは、劇的な場面だけでなく、いつでも結果を出すことだ。クラッチでは最後の瞬間が大事だが、リレントレスであるにはどの瞬間も大事なのだ。

というのも、仮に最後の瞬間まで待っているのに満足していたら、残りの時間は安心して、気楽に、安全なところを楽々進むことになるからだ。多くの選手が最後のシュートを打とうとしないのは、外すのを怖がっているからではなく、シュートを決めたら決め続けないといけないからだ。ジェレミー・リンのことを考えよう。リンは無所属からニックスでプレイできるレベルまで急成長した。誰もがそのレベルで活躍するのを期待したが、実現しなかった。高いところからスタートすると、その分落ちる距離は長くなり、叩きつけられた衝撃もずっと大きくなる。多くの人にとって、地面に近い安全なところに居続けるほうが楽だ。最小限の期待、最小限のプレッシャー、報酬も最小限だが、安全だ。

クリーナーは高みに居続け、さらに高みに上るプレッシャーがかかる状況を欲する。一瞬でも気が緩みはじめた途端、すぐに緩んでいるように感じる。あなたがクリーナーであれば、いますぐ何かに襲いかかって、支配しなければ、という激しい衝動に襲われるのがわかるだろう。「ほっとするなあ」と思いながら1日を過ごすなどありえない。クリーナーにとって、リラックスするなど、プレッシャーに対処できない弱い人間のやることだ。あまり気の進まないバケーションやワークアウトをする必要のない1日など、リラックスするような状況に置かれると、実際のところクリーナーは、やるべきはずだったことを考えてしまい、余計にストレスを感じる。「くつろぐ」ための努力をするぐらいなら、挑戦していたほうがいい。クリーナーは息を切らせているのが好きなのだ。

自ら課したプレッシャーから解放されたいとき、クリーナーはダークサイドに避難する。別のコントロールする対象、つまりプレッシャーはそのままにして、しばらく他のものに意識を向ける手段を一時的にとる。働くかわりにセックスをする。競うかわりに酒を飲む。金融のことに固執するかわりに、ジムに行って自分の肉体にこだわる。プレッシャーやパフォーマンス、そして安心できる領域の境界線をどんどん押し返すことがすべてだ。自分の限界を試すのだ。限界なんてものがあればの話だが。

クリーナーは自分が感じるプレッシャーをコントロールする。コントロールするために助けを求めて誰かを頼ったりしない。私がレブロン・ジェームズをクリーナーではなくクローザーとみなすのは、これが理由だ。ウェイドのように無名の高校と大学に進み、何も与えられなければ、毎日何度も何度も自分の実力を示さなければならない。最高の選手になるための内なるプレッシャーははかり知れない。しかし、すでに誰もが、「きみは最高だ」と言ってくれる進路を選べば、自信をもつのはずっと簡単だ。レブロンは高校時代から奉られ、シューズの大型契約を結び、何もしないうちから広告に出て、試練を伴う「決断」を下すあいだリーグ全体を揺るがした〔フリーエージェントになったレブロン・ジェームズが、特別番組『The Decision（決断）』でキャバリアーズからヒートへの移籍を発表した騒動のこと〕。バスケットボールの試合を観たこともない人が、「レブロンはどこでプレイするのか」と口にしていた。まちがいなく、ものすごいプレッシャーがかかっていたはずだ。しかしレブロンが、ウェイドとクリス・ボッシュというふたりの優れた選手とプレイすることになり、他にも優れた選手たちに囲まれたのを考えると、プレッシャーを分散させる余裕がかなりあったとわかるだろう。

　比較が必要だろうか？　コービーが在籍していたときのレイカーズ、ジョーダンがいたときのブルズ、ビッグスリー誕生前のウェイド、ブルズにいたデリック・ローズだっていい。考えてみてほしい。彼らはある時期、リーグの他のチームを見まわしてこう思った。「おまえらの仲間になりたくない。おまえらを倒したい」と。そして新しい選手が現れると、全員が同じことを考える。「おまえが仲間になるのはいいが、おれは仲間にはならない」。２０１２－２０１３年のシーズン前にドワイト・ハワードとスティーブ・ナッシュがレイカーズに移籍してきたとき、コービーと新たなチームメイトとの力関係にみんなの視線が注がれた。スターの役割を分け合うのか？　コービーがリーダーの役割を譲り渡すのか？　新しいレイカーズは前より注目を集めるのか?

コービーはすぐにそうした声を黙らせた。「『みんなのチームだ』なんて言いたくない」と記者に言った。「冗談じゃない。おれのチームだ」

「支配者はおれだ」

偉大な選手が他の偉大な選手といっしょにプレイしたい気持ちはわかる。しかし、それはプレッシャーを高めるためであって、減らすためではない。関係を築くことで、競争意識を高められるからであって、プレッシャーを分散し責任を減らせるからではない。

ようやくレブロンがチャンピオンリングを手にしたとき、みんなが「ようやくプレッシャーから解放される」と言っていた。冗談じゃない。プレッシャーは4倍になる。いまからまた始めなければならない。そうすれば、次の年にも同じ結果が出せる。リング1つで満足し、次のリングをとるプレッシャーを感じないなら、いますぐに引退したほうがいい。

常々思っているのだが、ジョーダンの有名なトラッシュトークは他の人には向いていない。あれは、ジョーダンが自分に課すプレッシャーを高めるための方法だった。というのも、相手に「これからひどい目に遭わせるぞ」と言ってしまったら、その発言を実証しなければならなくなるからだ。

私はいつも選手に「プレッシャー、プレッシャー、プレッシャー」と言っている。たいていの人はプレッシャーを避ける。私はプレッシャーに向かっていく。プレッシャーがあるおかげで冴えていられるし、考えてもみなかったかたちで挑戦を迫られ、問題を解決したり、弱い人が逃げ出してしまう状況に対処するよう強いられたりする。プレッシャーを抜きにして成功などできない。成功の度合いは、どれくらいプレッシャーを受け入れて対処するかにかかっている。

なぜなら、プレッシャーにうまく対処できなければ、あなたの弱点を見つけようと待ちかまえている相手が、それに気づいた途端、襲いかかってくるからだ。これこそ、誰かが弱みを見せたときに、あなたがするべきことだ。

２０１２年のＮＢＡファイナルのあいだ、オクラホマシティ・サンダーのサージ・イバーカは、ヒートをチャンピオンに導くうえで感じているプレッシャーに、レブロンがどう対処しているかを試すことにした。レブロンのメンタルの強さは長年、疑問視されていた。強いストレスにさらされると、レブロンは爪を噛み、指を奥歯で噛みはじめるのだ。チャンピオンシップシリーズのあいだ、レブロンがそうしているのを目にすると、私はＥＳＰＮ〔ウォルト・ディズニー・カンパニー傘下のスポーツ専門チャンネル〕のスティーブン・Ａ・スミスのほうを向いて「彼はもう消えたな」と言った。噛む仕草が出ると、すぐにレブロンは試合からいなくなるのだ。ヒートにとっては幸いなことに、このときのレブロンは戻ってこられた。以前ホームでの試合のとき、フリースローの際に、レブロンが自分のファンたちに静かにするよう促しているのを目にした。まるでファンの声がうるさすぎて集中できないと言わんばかりに。感情に支配されるというのが、どういうことかよくわかるだろう。

そこで、イバーカは揺さぶりをかけることにして、第４戦の前に「レブロンは、ひとりではケビン・デュラントをとめられない」とメディアに発言した。当然メディアは盛り上がり、レブロンの返答を聞こうとした。彼はコメントするつもりはなかったと前置きして、長々としゃべった。

これこそクローザーだ。考えこみ、そのせいで気が散り、申し開きをしないといけないと感じてしまう。クリーナーは外からのプレッシャーに反応などしない。苛立たせようとしてきても、まるで相手にしないことで、プレッシャーをかけ返す。クリーナーは誰とも競わず相手に競わせる、ということを忘れるな。クリーナーは自分に課すものはコントロールできる。だが、他の人が課してくるものはどうしようもない。そのため、クリーナーは自分を駆り立てる内なるプレッシャーにだけ目を向ける。プレッシャーに向き合い、受け入れ、自覚するので、すでに自分に課した以上のプレッシャーを誰からも課されない。

それは次のようなことだ。２０１０年のシーズン中、レイカーズはマット・バーンズがいるオーランド・マジックと対戦した。コービーを怒らせるために、バーンズは試合中ずっと、ボールを顔にぶつけようとするフェイクなどあらゆることをした。コービーの鼻先２センチをボールがかすめた。コービーは反応もしなければ、ひるみもしなかった。一度たりとも。試合後、記者たちはどうして反応せずにいられたのかとたずねた。コービーの答えはこうだ。「そんな必要あるか？」

誰かが「プレッシャーに耐えられない」と言うのを私は聞きたくない。誰でもプレッシャーに耐えられる。大半の人がそうしないのは、安全なところでぬくぬくしているほうが楽だからだ。だが成功したいのなら、日の当たる場所を求めるなら、日陰から出なければならない。不快な灼熱の太陽と比べると、涼しくて快適な日陰から出ていくのは楽ではない。しかし、不快なものを受け入れられなければ、リレントレスにはなれない。逃げられないときだけプレッシャーに対処していては、誰にも止められない選手にはなれない。

圧力《プレッシャー》によってパイプが破裂することもあるが、ダイヤモンドができることもある。ネガティブな見方をすれば、プレッシャーに押しつぶされる。「自分にはできない」という心の枠にとらわれてしまうのだ。しかし、ポジティブな見方をすれば、プレッシャーとは自分の姿を明らかにする挑戦だ。自分がどれだけ耐えられるか、どれだけがんばれるかを確かめる機会を与えてくれる。誰もがストレスを減らしたいと思うのは、ストレスが命取りになるからだ。そんな考えはくそだ。ストレスのおかげで、人は生き生きとする。ストレスをモチベーションにして、もっとがんばるんだ。ストレスから逃げるのではなく使いこなせ。ストレスのせいで不快に感じる？　それがどうした。その分だけ見返りがある。不快を乗り越えれば、耐えられる。そうしたら、さらにがんばるんだ。

あたりまえだが、大きな成果をもたらすストレスと、ただ混乱を招くだけのストレスとを見極める必要がある。準備をせずにのぞんだり、仕事に精力を傾けなかったり、約束や義務を果たさなかったりしていると、意味のないストレスが生じる。ネガティブな状況になる前に、こうしたものに対処する選択肢がある。しかし、チームを組む、昇給のために働く、仕事を終える、チャンピオンシップで勝つ、といった大きな挑戦にともなうストレスと対峙しているとき、こうしたプレッシャーの下には、すばらしい贈り物が埋まっている。すばらしい成功をおさめる可能性を秘めたプレッシャーにさらされる機会など、誰もが得られるわけではない。

しかし、調子を上げるべきときだけでなく、絶えずプレッシャーがあるようにしなければならない。私の仕事では、プレイオフを意識しはじめる3月ぐらいに、選手の調子が落ちてくる。心身の疲労が要因となって、絶え間ないプレッシャーが負担になりはじめる。選手たちは練習に身が入らず、追加のトレーニングも鳴りを潜め、当然ながら試合全体にも影響が出てくる。彼らは行き詰ってしまう。

私が何に悩まされるかというと、最初にやめてしまうのが、その肩にすべてのプレッシャーがのしかかっているリーダーではないことだ。シーズンを通してやり続けられないのは他の選手だ。リーダーには脱落する贅沢など許されていない。個人競技なら、それも可能だろう。たとえやめても、それは自分で自分に見切りをつけるだけだ。だがチームスポーツでは、リーダーを頼りにする人がたくさんいる。メンタル面で調子が出ない選手がいるので、リーダーはその分を毎日カバーしなければならなくなる。しかし、誰がそうなるのか――誰がいいプレイをしていて、誰がまるでだめなのか――は、その場になってみないとわからない。そのためリーダーには、チームメイトのことを把握するというプレッシャーまでのしかかる。

やがて、リーダーにまで影響が出てくる。

その時点で、私は選手と膝を交えて話し合う。「いいか、チームはまだプレイオフに進出すらしてない。目を覚ますんだ。プレイオフに出て、勝ち続けた先にあるのはなんだ？　チャンピオンリングと栄光だ。では、プレイオフに進めなかった場合はどうだ？　家に帰るだけだ」

「すばらしいシーズンを送れた？　それがなんだ？　他のやつらだってすばらしいシーズンを送ってもまだプレイしているのに、おまえはそうじゃない。トップになれただけでは足りない。トップで居続けなくちゃならない。プレッシャーを感じ、トップで居続けるために戦うんだ。プレッシャーを味方につけろ。プレッシャーに呑まれるな」

最終的に偉大な選手がいつ終わるのか、このことからわかる。彼らはもうプレッシャーとの戦いを続けたくなくなるのだ。自分が成し遂げたことを知り、プレッシャーを高めるのをやめる選択をする。そして、選択はいつもすべてを把握したうえでおこなわれる。このことは、ワシントン・ウィザーズでプレイすることにしたジョーダンに見てとれた。マイケル・ジョーダンである、という心理的な側面は、世界じゅうの人に何を表しているのか。毎日、毎年、プレッシャーを求めては、それをダイヤモンドのように輝く偉業に変え、すでに最高の選手なのにそれ以上になろうと励む。いつしか、こう言うしかなくなるだろう――「十分だ。いまの私はなろうとしていた自分だ」。情熱はまだ残っているものの、それをもっと燃やしたいという欲求はない。ジョーダンは40歳を過ぎても1試合に50点以上とれる史上唯一の選手だった。そのころですらジョーダンは、「やらないからといって、できないわけじゃない」と言って、次の対戦相手に自分が健在だと知らしめ、みんなをわくわくさせた。ジョーダンはプレッシャーを求め、敵を叩きつぶす方法を探すのを楽しんでいた。まちがいなく、そのままプレイしつづけることもできただろう。

いつもストレスに対処していると、それが習性のようになる。努力を必要としない楽なことではないが、あわてずに対応できる。なぜなら、複雑で難しい挑戦を受け入れてきた経験があるからだ。日常の出来事よりたいへんなことを引き受ける必要がなくなり、安全かつ安定した感覚を揺さぶられるものを敬遠していると、プレッシャーがかかったとたん、ばらばらにされる可能性が高くなる。

クリーナーは外部のプレッシャーを感じない。自分の内側にあるものを信じるだけだ。クリーナーを批判し、分析し、危険視することはできるが、それでもクリーナーは自分の内側からのプレッシャーしか感じない。クリーナーは、自分がしていることが正しいのかまちがっているのかをわかっている。誰にどう思われようと気にしない。楽なところから抜け出し、次のレベルにたどり着くよう自分を駆り立てる。

すべては自信の問題に帰着する。何かに挑戦するとき、自分でプレッシャーをかけるか、それとも、相手に追い詰められてしまうのか。ねずみのようにとらわれた感覚に陥るのか、攻撃をしかけるのか。戦うことに怖気づくか、相手を泥沼に引きずりこむか。傷は癒えても、傷痕は癒えない。傷痕は勲章だ。ジョーダンと組んでいたころ、私たちはよくこう言っていた。「さあ、汚れてくるんだ」

ダーティになってくるんだ。

1 あなたがクリーナーなら……

非常事態になると、みんながあなたを探す。

クーラーは計画を教えてもらえるのを待つ。
クローザーは計画に取り組み、研究し、暗記し、何をすべきかを正確に把握する。
クリーナーには特定の計画は必要ない。常に可能なかぎりあらゆる選択肢が与えられるのを求める。

毎シーズン、10月のトレーニング・キャンプ初日になると、決まって私の携帯は、選手からの電話やメールで吹き飛びそうになる。選手たちがＮＢＡのライフスタイルで夏を過ごしたあと、突然気がつくからだ――「くそったれ、準備するのを忘れてた」。あるいは、エージェントやＧＭがあわてて連絡してくる。主力選手が夏のあいだトレーニングしなかったことをようやく知り、急いで状況を把握しなければならなくなるからだ。

緊急時には、ガラスを割って逃げろ。私に電話をかけるまでに、何人もが状況をコントロールしようとして失敗し、万策尽きたのだ。クリーナーであれば、私の言っていることがわかるだろう。クリーナー以外の人は自分の手で状況に対処したがり、最終的に無理だとわかると、クリーナーを探すようになる。ほとんどの場合、クリーナーはそうなるとわかっているので、ただ状況を見守りながら待つ。やがてみんなが、どうしようもなさそうな状況にクリーナーがどう対処するのか、固唾を呑《の》んで見守る。なので、クリーナーは状況をすばやく把握できるようにしておいたほうがいい。

２０１２年のＮＢＡファイナルの期間中、ウェイドを助けるためにマイアミを訪れた時点で、私には2つのことがわかっていた。すでに負傷した状態であること、他の人にはどうにもできなかったことを私がすること。ウェイドが主に気にしていたのは、このほんの短い時間で私が彼の負傷した膝をどうにかできるのか、それともプレイオフの残りの試合には間に合わないのかだった。その時点で、ヒートは第3戦を迎えようとしていたので、正直なところ、私にはできることとできないことがあった。シーズン終了後に手術が必要だろう。手術を回避することを私に期待しているとしたら、それは不可能だ。だが、ファイナルの7試合に耐えられるようにしてほしいというのなら、約束しよう。気分が上向いたか？　どうだ。すっかり気分がよくなっただろ？　ウェイド。

どのような状況であれ、私は１００パーセント確実に、あなたにポジティブな影響を与える。準備もせずに現れ、何も与えられないことなどありえない。私が求めているものにあなたが耳を傾ける気があるなら、私が知るべきことを教え、私の言うことに従うことだ。そうすれば、よくなるだろう。

私の発言が傲慢で偉そうに聞こえたとしても、問題ない。私は自分の仕事に自信がある。どんなことが起ころうと対応し、うまく進められるとわかっているからだ。最初から何もかもうまくいくわけではないし、まったくだめなときもある。しかし、自信とうぬぼれのあいだには大きな違いがある。自信というのは、うまくいっていないことを見極め、調整するための柔性と知識をもつことだ。うぬぼれというのは、うまくいっていないことを受け入れられず、頑なに自分の非を認められないせいで、何度も同じまちがいを繰り返すことだ。

私のクライアントについてチームのトレーニングスタッフと話し、私と選手がどんなことに取り組み、コンディションを保つためにどんなことを続けてほしいのかを伝える。するとある時点で、こう耳にすることになる――「なるほど、それはいいですね。ただ、ここで私たちがやっていることとは違います」。ふむ、そうだな。もしきみたちが同じようにしていたら、私はここにいない。だが、私がここにいるということは、いま伝えたやり方にきみたちが合わせないといけない。

私の仕事は、問題を抱えた業務を立て直すために雇われる企業のトラブルシューターや、勝てるチームをつくるために雇われるGMと変わらない。仕事がうまくいっていないときは、解決できる人物を探すのだ。そして、その人にまかせる。

それがクリーナーの仕事だ。

あらゆる種類の批判や視線にさらされることになるので、誰もがやりたがる仕事ではない。しかし、たとえウェイドの膝が悪化したり、何試合かひどいプレイをしたりしたとしても、みんなから「グローバーがうまくできなかった」と言われるなどとは思わない。そんなことは思い浮かばないし、そんなふうに考えもしない。ロサンゼルスに残ってコービーとオリンピックのための準備をしていたほうが、まちがいなくはるかに楽だっただろう。ウェイドにはいくつかアドバイスをして、夏のあいだに取り組もう、と言うこともできた。2シーズンのあいだ、ウェイドのトレーニングをしっかりとは見ていなかったので、次の2シーズンを見据える前に、この5日間を乗り切るため、それまでの2年間を私は簡潔に3時間で理解しなければならなかった。しかし、他の誰も成功できなかった挑戦が目の前にあるとき、私はそれを自分のものにする。

というのも、シリーズが終了したとき、ウェイドがトロフィーを掲げたことが言い表せないほどの報酬だからだ。このすばらしさを味わうためにリスクをとる。

クーラーはリスクをとらない。
クローザーは、事前に準備ができて、失敗しても被害が最小限だとわかれば、リスクをとる。

クリーナーにとってリスクを感じるものなどない。何が起こっても、どうすればいいかわかる。

特定の戦略のある軍事作戦について考えてみよう。目標の建物に入り、誰もいないことを確かめ、赤いドアから出て、建物が爆破される前に、裏で待機しているトラックまで行く。指令どおり正確におこない、何もかも計画どおりに進み、やがて赤いドアまでたどり着く。鍵がかかっている。他に出口はない。さて、どうする？　パニックに陥る？　パニックになっている10秒で人生が終わるだろう。クローザーはまず恐怖を感じ、他の方法を探し回る。しかしクリーナーは、瞬時に生存本能のスイッチが入り、いくつもの選択肢が思い浮かび、そのうちの1つがうまくいくとわかる。なぜならクリーナーは建物に入る前に、すでに30もの不確定要素を織りこみずみだからだ（クーラーにはそうした任務が割り当てられることはない。そのため、ここではクーラーについては考える必要すらない）。

あなたがクリーナーなら、この感覚がわかるだろう。みんなが怯えているときに自分だけはどうすればいいのかわかっている状況にも、身におぼえがあるだろう。どうやってわかったのかはわからないが、ただわかるのだ。「即興でやる」とか、その場でなんとかする、といった話をしているのではない。入念に準備をし、たくさんの選択肢と豊富な経験があってこそ、本当に準備ができていると言える。

何が起こっても、だいじょうぶだと疑わない人がいる。うまくいかなくなった途端、息が詰まってしまう人もいる。フィギュアスケートの選手が転倒する、クォーターバックのパスがインターセプトされる、ピッチャーが満塁ホームランを浴びるといったことは、スポーツの世界ではよく目にすることだ。そうした瞬間のあとに起こることは、2つに1つだ。すぐに立て直し、異常なほど高いパフォーマンスを発揮するか、立ち直れずにそこからどんどんだめになるか。

同じような才能をもち、同じような日課を数えきれないほどこなしているのに、予期せぬ展開に対応できる人もいれば、完全に崩れてしまう人もいるのはなぜだろう？

スポーツにかぎらず、身の回りを見れば、どんなことにも対処できる人もいれば、どんなことにも対処できない人がいるのがわかる。どうしてこのような違いが生まれるのだろうか？

瞬時に対応し、すばやく調整できる能力のある人はそれほどいない。10個の展開を予想し準備して、考えられるあらゆる不確定要素に備えることはできても、きっと予想していなかった11番目の展開になる。ほとんどの人は1つしか予想せず、10個も思い描けない。起こりえるあらゆる可能性の前ですっかり立ちすくんでしまい、1つうまくいかないと、対処できなくなる。

同じシュートを何度も何度も練習し、目隠ししても決められるようになることはできる。すばらしい。では、シュートの際にサンドバッグでぶつかられても同じことができるだろうか？　恐ろしい音楽や叫び声を顔に浴びせられても集中できるだろうか？　いつも計画どおりに進むと、機械的になり、突然計画が変わったときや予想外の事態に直面したときに、どうすればいいのかがわかる生まれもった能力がなくなってしまう。だがクリーナーは同じ計画を進めながらも、予想外のことが起こると、瞬時に本能が働き適応する。考えなくても、教わる必要もなく、ただわかるのだ。

これが危険な競争者《コンペティター》の特徴だ。何が起こるのかを知る必要はない。何が現れても、準備ができているからだ。失敗することを恐れたりしない。

これは「ポジティブ・シンキング」のような根拠のない話ではない。練習に励み備えることで、知るべきことがすべてわかるようになり、恐怖や不安が消え去り、どんな状況にも対処できる能力があると自信がもてるようになる。それが大事なのだ。

どうすればいいのか考えてはいけないという話ではない。事前に考えて計画を練り、反射神経を研ぎ澄ませれば、窮地に陥ったときでも適切に動ける。取り乱してしまい、眠れなくなったり集中できなくなったりするまで思い悩み、気にしていては、こうしたことは成し遂げられない。次の弾丸が発射できる状態にあると知ることで備えるのだ。実際に引き金を引く必要はない。必要なときにはいつでも撃てるよう、弾丸が装填されロックされた状態にあると知っておく必要がある。

まちがった手順を踏んでしまったとき、どれだけすばやく対応できるだろうか？　失敗に気がついて、もとに戻せるだろうか？　直感で行動するために自分を信じ、そのたびに適応できるようになるには、失敗をいとわないようになる必要がある。そうすることで、リスクをとり、何が起こっても解決できるという自信や態度につながる。何度も繰り返し適応するのだ。

かつてないほどの恐怖を味わい、どうすればいいのかを内なる反応に教えてもらう経験をするまで、リレントレスというものが本当には理解できないだろう。人生における主な出来事を思い返してみれば、あらゆることに影響を与え、自分がどんなことに対処できるのかわかるようになった出来事がおそらく特定できるだろう。

これは私が学んだ方法の1つだ。私が4歳のとき、私の一家はアメリカにやってきた。父はシカゴの病院の地下で、解剖用の遺体を切断する仕事をしていた。学校が休みで、両親が仕事のとき、父は私を仕事場に連れていった。父が遺体を解体しているのを初めて見たのは5歳のときだ。6歳になると、父は私に骨のこぎりを渡し、「手伝ってくれ」と言った。こうやって男は家族を養うのだ。それが父からの教えだ。

こうして私は学んだ。自分でなんとかするのだ、と。

インド出身の私の両親は、結婚してからロンドンに移り、私はそこで生まれた。母は看護師だった。私たち兄弟にもっといい暮らしをさせるために両親は決断し、母がアメリカで働くことになった。1年間、母はシカゴでひとり暮らしをした。一家全員で暮らせるだけのお金が貯まるまで、私たちはあとに残された。

再び家族として暮らすためにシカゴに到着した日、父は空港でタクシーをつかまえると、バッグや所持品を載せて、街に向かった。だが目的地まで数キロのところで、急に父はタクシーを止めた。私たちはタクシーを降りて、バッグを下ろすと、歩きはじめた。まだ幼かった私たち兄弟には、どうなっているのかまったくわからなかった。父は、「歩いて街を見てまわろう。すごい冒険だ」というようなことを言った。しかし本当はお金がなくて、タクシーではそこまでしか行けなかったのだ。そこで私たちは荷物をもって歩いた。父は見知らぬ国で、ポケットに1セントもないまま、ふたりの幼い少年を連れていた。

なんとかするんだ、と私は学んだ。

いまだに父には、どんなことでもなんとかする方法を見つける本能的な能力がある。私にもそれを教えてくれた。まさにクリーナーだ。父は身ひとつでやってきて、何にも頼らず、自分だけの力で成し遂げられるとわかっていた。

リレントレスであるとは、こう言える勇気をもつことだ――「おれはこれをやってみる。もしまちがえたら、変更する。それでだいじょうぶだ」。行く手をはばむあらゆるものをコントロールしたり予想したりすることはできない。コントロールできるのは、自分の反応と、予想外の事態を切り抜ける能力だけだ。どんなことが起ころうとも、解決するための頭脳と能力はあるので、最初に望んでいた結果にたどり着く。

私の言う「なんとかする」とは、1週間考え、知り合い全員にどう思うかたずねることではない。瞬時に、直感で、内なる声が「こっちだ！」と言うのが聞こえることだ。そして、そっちに向かう。

あたりまえだが、いつでも寸分の狂いもなく１００パーセント成功することなど不可能だ。本能には細かな点などわからず、ただ閃《ひらめ》いて、あとは能力がなんとかするので、本能を信用してまちがった決断を下すことだって十分ありえる。試合ではいつもそうしたことが起こる。いい球だと思ってバットを振ると、ボールがカーブするとか、ラインマンがスナップを予測してオフサイドをとられるとか。すばらしい例が、２０１２年のＮＢＡファイナル第4戦にある。残り時間は17秒、シュートクロック〔攻撃するチームは、24秒以内にシュートを打たなければいけないというルール〕は残り5秒、サンダーが3点負けている状況で、ラッセル・ウェストブルックがヒートのマリオ・チャルマーズにあえてファウルをした。「絶対にファウルしてはいけない！」状況だとわからなかったのだ。ウェストブルックの頭にそのことがよぎっていたら、ファウルしなかっただろう。だが、彼の本能がファウルするよう告げてしまった。それから、ウェストブルックが若かったこと、そのような状況を経験したことがなかったこと、シュートクロックの5秒ではなく時計の17秒のことを考えていた点も考慮しなければならない。チャルマーズは2本のフリースローを決めて、マイアミが5点リードした。サンダーは敗れた。

ウェストブルックはもっと慎重になるべきだっただろうか？　もちろんそうだ。ただ、あのような閃きからウェストブルックがどういう選手なのかがわかるし、長い目で見れば、本能的な閃きが役立つことのほうが多いだろう。というのも、他の選択肢が、待つこと、考えること、ひるんでしまってすばやく動く決断力を欠くことなら、どのみちチャンスを逃して失敗するからだ。クリーナーでもある偉大なるホッケー選手、ウェイン・グレツキーが言っている。「打たないシュートは100パーセント入らない」

クリーナーの真の証《あかし》を知りたいだろうか？　クリーナーは大きな失敗をしてもプレッシャーを感じず、まちがいを認めて非難を受けることをいとわない。クーラーの場合、ミスをすると山ほど言いわけをして解決策を示さない。クローザーは誰かに責任を押しつける。クリーナーが失敗したときは、相手の目をじっと見つめてこう言う。「おれのせいだ」

以上だ。クリーナーは自信にあふれ、シンプルで、事実にもとづき、言いわけをしない。失敗したって？　だいじょうぶだ。1時間かけて弁明しなくていい。一文でいい。長い話はいらない。「しくじった、責任はとる」。それだけ言えば、私は信頼する。理由を説明しはじめた途端、隠しごとがあり、責任をとろうとしていないのがわかる。時間を節約しろ。「しくじった」。そう言えばいい。これより速くプレッシャーを軽くする方法はない。「ああ、失敗した」。オーケー。それに対する返答はない。自分で抱えるんだ。さあ、解決しろ。失敗を認めないかぎり、解決はできない。

自分のせいなので、失敗を認めると余計にプレッシャーがかかると考えてしまうが、これはまちがいだ。両手を上げて「ああ、おれのミスだ」と言う能力こそ、プレッシャーがかかるのを止めるいちばんよい方法だ。いま、目標は1つしかない。問題を解決すること。自分の責任を否認しつづけるかぎり、失敗を覆い隠す負担が加わり、いずれにしても、結局、真実は明るみに出る。どうしてわざわざ長引かせるんだ？　失敗したら、認めるんだ。

クリーナーはただ目の前にやってきて、「おまえのミスだ」と言う。クリーナーは批判や叱責をまったく気にしないし、相手にも同じ態度を求める。相手が責められたように感じても、クリーナーはふたりで問題を解決しているように感じる。クリーナーは自信にあふれているので、うまくいかないことがあってもそれを問題なく認められる。なんとかできるとわかっているので、問題はないのだ。

私も山ほど失敗してきたし、これからもするだろう。だが、私はそれらを失敗とは見なさない。私にとって失敗とは、他の人を巻きこんでしまうこと、自分のミスを受け入れて問題を解決する方法を探るかわりに言いわけを探すことだ。いったん誰かのせいにしはじめると、状況をコントロールできなかったと認めることになる。そして、そのようなコントロール抜きにして、解決策は生み出せない。

本当にコントロールできない場合もあるだろうか？　もちろんある。しかし、その時点で責任をとって前に進める方法を見つけられるかは自分にかかっている。さもなければ、外からのプレッシャーに結果をゆだねることになる。成功するためには、誰かにプレッシャーをかけてもらうのではなく、自らプレッシャーをかけなければならない。どんなことでも解決できると信じられるほどの自信をもつんだ。

どんな失敗も深刻に受けとめず、深く悩まないでいられたら、それが自信だ。いっぽうで、誰かから嫌なことや聞きたくないことを言われて、たとえ一瞬でもそれがプレッシャーになるとしたら、あなたの自信には問題がある。自信があれば、どう思われようと気にしない。改善できるし状況がよくなるとわかっているので、失敗を深刻に受けとめても笑っていられる。クリーナーにはいつもうまくやれる自信がある。結果を受け入れて前に進むんだ。

私と毎日トレーニングしている選手がひどい試合をしたとしても、そのことで責めたりはしない。みんなが彼を責めているのは知っているが、私はジムでしたことがシュートに影響を及ぼしたのではないかと考える。それが私の仕事だ。ひどい試合が2試合続かないようにしなくては、というプレッシャーがかかる。気にしないのは簡単だし、ほとんどの人がそうする。だが、最高の選手になりたいなら、ひどいパフォーマンスを笑い飛ばす贅沢など許されない。向き合って、解決し、次のときに改善するよう準備をする。

「試合中にいらいらするか」とたずねられることがある。私の選手がバカなことをしたり、まぬけなプレイをしたり、いっしょに取り組んだことを忘れたりして、「ふざけんな、どうしてそんなことするんだ?」と思ってしまう瞬間、私はいらいらする。というのも、そのとき、やり方が悪かったのかもしれない、適切な説明をしなかったのかもしれない、と自問してしまうからだ。最近、私の選手のひとりに「目をチェックしよう」と伝えた。「なんのために?

まったく問題ない」と彼は言った。おい、目をチェックするって言ったんだ、わかったか？　今年はターンオーバー（シュート以外のミスで相手チームに攻撃が移ること）の数があまりに多い。視界に問題がないか知りたい。そうすれば対処できる。深視力に問題はないか？　確かめてみよう。私がまちがっているなら、それでかまわない。私がまちがっているかもしれないから、確かめよう。私の指示が正しいのか、きみの視野がおかしいのか、確かめるのを手伝ってくれ。

　コービーとトレーニングするときは、新しい方法をたくさん試す。コービーはトレーニングに熱心なので、さまざまなアイデアを試すだけの時間や余裕がある。そのため、新しいことに取り組んで、コービーが荒れた試合をしたとき、私はコービーをあてにしたり、コービーがまちがったことをしたのではないかと考えたりしない。どんなアプローチをする必要があるかを考え出すために、私は自分にプレッシャーをかける。コービーのシュートに影響を与えることを何かしたか、トレーニングメニューの１つが彼の動きに何か影響を与えたかもしれない、と考えなければならない。そうしたことをすべて補う必要がある。コービーの責任ではない。私の責任だ。

　プレイオフの最中、ウェイドと数日過ごした際、短い時間のなかでいろいろなことをしたが、彼の身体がどう反応するのかをきちんと試す機会はなかった。筋肉が機能していない箇所が多かったが、唐突に機能しだしたので、より速く、よりしなやかに、さらに爆発的に動けるようになった。しかし、ある速さで取り組んでいたのに、突然はるかに速く動けるようになると、タイミングがおかしくなってしまう。

そのことを伝えておかなければならないとは、私には考えもつかなかった。気がついたのは、第3戦でウェイドが動きはじめたときだ。タイミングがずれて、すぐにターンオーバーしてしまった。その瞬間に私は思った――「くそっ、ウェイドに言ってなかった」。観ていた人の99・9パーセントは、そのプレイが試合に影響するとは思いもしないとわかっている。だが、すべて私の責任であり、私がやらかしたのだ。私の失敗だ。たいしたことではないように聞こえるかもしれないが、私には大問題だった。見逃してはいけないことを見逃してしまったのだから。たしかに、ウェイドはいい試合をして、ヒートが勝った。しかし、ウェイドはもっといいプレイができたかもしれないし、ヒートはさらに点差をつけて勝てたかもしれない。

何が起こったのかウェイドにはわかっていなかったので、それについて黙っているほうが私には都合がよかっただろう。ウェイドは、ただターンオーバーしたとしか思っていなかった。しかし、そうするのは私ではない。まちがったとき、私は伝える。「私のミスだ、誤算だった」と、試合後に私は伝えた。誰も気がつきもしないことで自分を責め、それを正すよう自分に課すことが、仕事における内なるプレッシャーだ。そうしなければならないからではなく、そうしたいからだ。

失敗したときにはそれを伝える勇気をもつんだ。そうすれば、みんなから尊敬されるだろう。失敗だけではなく、自ら選び決断したすべてのことに対して、やってしまったことは認める。

言ったことは守る。それこそが自分の名声だ。それを大切にするんだ。自分の意見に価値をもたせたいのなら、それを口に出し、本気で言うのをいとわないことだ。誰にも奪わせてはいけないものが2つある。誰にも自分の名声は奪わせない。そして、誰にも勇気は奪わせない。つまり、自分の言動すべてに対して責任を負うプレッシャーを引き受けるのだ。

成熟し、経験を積み、実践して、熟練すればするほど、状況に適応する能力が高くなる。それは経験によって、微妙な違い、誰も重要だとは気づかず考えもしないような細部にまで理解が深まるからだ。「ワンセットの決まりごとに従え」と、「ひとりの人間が考えたことを受け入れて、それを自分のものにしろ」と言っているのではない。「自分の学んだことや信じることに、誰かから教わったことを加え、身につけたことをすべて組み合わせて、自分だけの信念をつくりだしてほしい」と言っているのだ。誰かに用意してもらった指示ではなく、自分の手でつくりだすのだ。

若いときは、「速い」という1種類のスピードしかない。経験を積むにしたがって、状況に応じてスピードを変える術を身につける。ゆっくりいく場面と、全速力でいく場面がわかる。選手に話す具体例を示そう。雄牛の親子が丘の上に立ち、平原にいる牝牛を見下ろしている。子牛は待ちきれないで言う。「ねえ、行こうよ。駆け下りていって、牝牛を何頭か捕まえよう！」。父親の雄牛はゆっくりと思慮深い目で子牛を見る。「いや、ゆっくり下りていって、全頭捕まえるんだ」。これが衝動ではなく、本能だ。

いちばん成功するのは、何事も瞬時に反応する本能をもった人だ。もう一度最初から計画を練り直したり、もっと映像を観たり、ミーティングの予定を立てたり、ミーティングの議題を決めるミーティングの予定を立てたり、決断を先延ばしにするために余計なことを山ほどやったりしない。数年前、私はＮＢＡの有力なスポンサーのために、私の選手たちといっしょにユースキャンプを開くことになった。５００人の子どもたちが参加すると見こまれていたところに、２０００人がやってきた。みんながパニックになった。十分な場所がない、全員を収容しておくところがない、どうしてこうなったんだ、誰のせいだ……わかった。落ちつくんだ。何があって、何がない？　10分くれ。私は元の計画を破棄して、新しい計画を考えた。こういうふうにしよう。もちろん、いつだって破綻した元の計画にこだわって順応できない人はいる。そういうやつらは「でも……でも……こうして、ああするはずじゃ……」と、もごもご言う。いや、こうするんだ。話は終わりだ。片づいた《クリーン》。これこそクリーナーのすることだ。混乱や不平を退け、問題を一掃し《クリーン・アップ》、うまくいくようにする。

クローザーなら状況に合わせてしまうだろう。だが、クリーナーは自分に合うように状況を変える。クローザーはあらかじめ何をするか知っておく必要がある。クリーナーはそうではない。１つの計画に縛られたがらない。元の計画を理解し、よいと思えばそのとおり進める。しかし、クリーナーの能力と直感はすばらしいので、たいていの場合、その場で変更する。そうしないではいられない。クリーナーはその場の流れに身をまかせる。本能の赴くままにすると、そうなるのだ。

1 あなたがクリーナーなら……

競ったりせず、敵の弱点を見つけて、そこを突く。

クーラーはいい仕事をすると、褒めてもらえるのを待つ。
クローザーはいい仕事をすると、ひとり悦に浸る。
クリーナーはいい仕事をする。それがクリーナーの仕事だ。

クリーナーにとっては、意味のない試合などない。プレシーズンの最初の試合だろうと、シーズン途中のオールスターゲームだろうと、負けているシーズンの最後の試合だろうと、クリーナーはプレイをする。

2012年のオールスターゲームの最中、空気がいくぶん張りつめることが起きた。ウェイドがコービーにファウルをし、コービーが脳震盪を起こし、鼻を骨折したのだ。レギュラーシーズンの試合であっても大ケガだというのに、オールスターゲームだったので、多くの人がウェイドは言語道断だと思った。

これがクリーナーだ。ある状況を目にし、闘争本能のスイッチが入り、攻撃してしまう。「支配者はおれだ。これがおれの仕事だ。恨みっこなしだ」

しかしこの場合は、ふたりのクリーナーが関わっていた。試合後、大勢の医者、NBAの関係者、チームのスタッフがコービーを囲み、ケガの具合を確かめ、病院に運ぼうとしていた。鼻は砕かれ、頭はぐらぐらし、コービーはほとんど動くこともできなかったが、病院に行くのを拒否した。なぜか？　コービーはウェイドに会って、状況を伝えたかったのだ。

だが結局、私たちはコービーを連れていき、ウェイドは翌日、謝罪をした。コービーは試合を欠場するのを拒み、この騒動は少しずつ落ちついていった。恨みっこなしだ。

だが信じてほしい。リレントレスなふたりの選手を対戦させると、その戦いが何年も続くことがある。お互い冷静で、いっしょに出かけ、仲よくしていても、クリーナーの胸の内では許すことも、忘れることもない。

このようにクリーナーは競い合う。やったりやられたりしながら、他の人も同じことをするのを確かめる。

だが、誰もがそういうことに耐えられるわけではない。私は、まだ反証されたわけではない、ある仮説を立てた。それは、だいたい身長208センチ以上の選手は、挑戦的で厳しい批判に耐えられないというものだ。身長約207センチ以下の選手は、挑発するように相手の前に現れ、叩きのめすことができる。しかし、それより背の高い選手はただ怒りを爆発させ、自分の殻に閉じこもる。このことは、周りよりはるかに身体が大きいため、じろじろ見られ、注目されてきた体験に起因する。みんなに指をさされ、身長のことでジョークを言われたため、背の高い人は低い人より繊細で、人目を気にするようになる。彼らは感情豊かで優しいだけなのだ。勝負となれば完全にキラーにもなれるが、同時に彼らは誰かから褒められ、自信を高めてもらい、気分をよくしてもらわなければならない。背の低い選手はどうだろう？　どんな名前で呼ばれたとしても、彼らはひたすら前進を続ける。

この話をもちだしたのは、激しい争いに対してどう反応するかが人によって異なる例をあげるためだ。

ブルズが連続優勝していたころのことだ。ファイナルのあいだ、スコッティ・ピッペンはルーク・ロングリーを鼓舞しようとしていた。試合前、選手全員で集まり、ピッペンは、身長218センチのロングリーに話しかけた。

「がんばれよ」とピッペン。

ロングリーが返事をしたりうなずいたりする間もなく、ジョーダンがみんなのほうを向いて言った。「がんばる？　結果を出せよ」

そのひと言でロングリーはやられてしまった。1本もシュートを決めなかったと思う。すっかり自信をなくしてしまったのだ。やれやれ。

メンタル面でチームメイトにどう対応するか、ジョーダンにはわからなかったし、わかろうともしなかった。ジョーダンは選手として無数の才能に恵まれていたものの、そこには他者に対する配慮は含まれていなかった。ジョーダンはあらゆる方法で襲いかかり、威圧し、勝利するよう駆り立てられていた。必要ならどんなことでもやった。そして、ジョーダンは自分の周りにいる全員に同じ姿勢を求めた。

ジョーダンのチームメイトは、毎日練習でジョーダンと向き合って乗り越えなければならなかったが、待ち受けていることにすっかり怖気づいていた。練習がハードだからではない。彼らは、語り草になるほどのジョーダンの口撃に対処しなければならなかったからだ。しかも、1日たりとも、休みなく。ジョーダンは執拗なまでに、チームメイト全員のあとを追いかけて、追いこみ、要求し、挑発し、罵り、彼らを怒らせ奮い立たせるあらゆる方法を見つけた。

プレイオフの最中のことだ。オーバータイムまで戦った試合の翌日、疲れきったチームは練習を始めるところだった。すると、ぐるりと見まわしたジョーダンがひとりいないことに気がついた。

ジョーダンが怒鳴った。「バレルはどこだ?」

交代要員にすぎなかったスコット・バレルはトレーニングルームにいた。ジョーダンは荒々しく入ってきた。ハムストリングに問題があったようで、かわいそうなバレルは診察台の上で治療を受けていた。ジョーダンは台をつかむと、バレルが乗っているのに、ひっくり返した。

「おれは昨夜、48分もプレイしたんだ!」――ジョーダンは声を荒げた。「どこもかしこもぼろぼろだ。で、おまえはハムストリングがどうしたって？　さっさと練習に戻れ！」

おれのレベルに合わせろ。さもなければ、消え失せろ。

頂点に君臨している場合、周りを自分のレベルまで引き上げるのか、それとも築き上げたものが崩れ去るのか、それは自分次第だ。自らにきわめて優れたものを要求し、同じレベルまで上がらない／上がれない人に耐えられないクリーナーにとって、これは簡単な問題ではない。周りに合うよう自分のレベルを下げて、仲間を褒めて励まし、みんないっしょにレベルが上がるのを望む？　あるいは、孤立して、模範を示すことで、みんながんばるように促す？　答えは明らかに思えるのに、どれほどたくさんの人が眩《まばゆ》いスポットライトの下で孤立したくないと思っていることか。まったく、驚いてしまう。その理由は、自分の能力を明かした途端、みんなから期待されるからだ。しかし、誰にも自分の能力を知られていなければ、奇蹟を起こす人でも場を取りしきる人でもないので、多くを期待されず、やることなすこと勇ましく見せておけるだろう。そのほうがずっと楽だ。

つまり、平凡な自分に甘んじるなら、そのほうが楽なのだ。

たくさんの才能のある人が、自分と周りとの差を埋めるために、自分の能力を下げる。すると、周りの人たちは前より自信がもて、必要とされていると感じ、比較的競争心が高まる。チームメイトを動かし、一体感を増す方法として、コービーが折を見て、こうしているのを目にしたことがある。チームメイトにもよるが、これはうまくいくだろう。そして周りのレベルが上がったのを確かめると、コービーはいつもの調子に戻る。これは、他のチームメイトたちにひとりのスーパースターを支える二流選手の集団ではなく、1つのチームのように感じさせるために、意識的に選んだことだ。

ジョーダンは違う方法をとる。はっきりとこう言うのだ。「こいつらは、おれをサポートするやつらだ」

ジョーダンのメッセージは明快で容赦ない。いいか、おまえらをよく見せるために、おれのレベルを下げたりしない。よく見せるためには、自分でレベルを上げるんだ。ジョーダンは、他の選手が責任を果たせることを示さないかぎり、周りを活躍させるために自分を後回しにしたりしない。

ジョーダンの時代のブルズの試合を観たことがあれば、こういうシーンを知っているだろう。パクソンがコート中央までボールを運び、サイドにいるジョーダンへパスする。ジョーダンはカートライトにボールを入れ、カートライトがシュートをする。次の攻撃時、同じようにパクソンが中央までボールを運び、サイドにいるジョーダンにパスし、そこからカートライトにパスが入る。カートライトがシュートをする。オーケー、カートライト、2回もボールに触ったから、この試合は終わりだ。おれがボールをパスしなかったとは言わせないぞ。さあ、おれはやるべきことをやる。

試合中、ジョーダンは誰が100パーセント力を発揮していて誰がそうではないのかを見極め、自分なりに調整する。コートの上でジョーダンは不満をあらわにしない。ジョーダンの身ぶりや様子は変わらない。ジョーダンはただこう言うのだ――「今夜はプレイしないのか？　わかった。おれが5人分プレイする。第4クォーターまで点差が離れないようにしてくれれば、あとはおれがやる」。そうしてジョーダンは、それが初めからゲームプランだったかのように、他のチームメイトの士気が上がるやり方でプレイをした。

チームメイトの力が足りない場合、スター選手が苛立って感情的になるほうがはるかによくあることだ。そうなると、みんなばらばらになってしまう。なぜなら、すでに述べたように、感情によって弱くなり、そうした感情のエネルギーのせいで台なしにされるからだ。

だが、ジョーダンは試合中、コートのなかでは感情を見せなかった。いつもポジティブで、コートの上で楽しんでいた。試合が終わると、ジョーダンはチンギス・ハーンのように、チームメイトに勇気と頭脳をはじめとするあらゆるものを求めた。しかし試合中、ゾーンに入っているあいだ、大事なのはコントロールすること、冷静でいること、結果を出すことだった。

1995年にサンアントニオ・スパーズからブルズに移籍してくる前、デニス・ロッドマンはときどき試合を欠場した。そのたびに、スパーズは負けた。これは、「おれ抜きでは勝てない」というロッドマンからのメッセージだった。そのため、ブルズにやってきたロッドマンは、コートサイドのカメラマンを蹴ってしまい11試合出場停止処分を受けた際に、自分抜きではブルズも勝てないとわかるのが待ちきれなかった。本当にそうだろうか？　マイケル・ジョーダンのチームで？　ロッドマン不在のすべての試合で、ジョーダンとピッペンはまるで優勝がかかった試合のようにプレイした。ブルズが勝つためには自分が必要だと言わせる隙を、ジョーダンはロッドマンにまったく与えなかった。ジョーダンはロッドマンの陰口を叩かず、面と向かって告げた。「ここじゃそんな真似は通用しないぞ。おまえがいようがいまいが、おれたちは勝つからな」

「おれのレベルに合わせろ！」

ジョーダンには誰が準備できていて、誰が信頼できるかがわかっていた。ジョーダンがスティーブ・カーを気に入っていたのは、彼がジョーダンに反抗するからだった。いまでは語り草となっている、トレーニング・キャンプでの乱闘のときのことだ。カーはジョーダンの言ったことを認めず、ジョーダンに食ってかかった。ジョーダンはカーの顔面を殴った。「おれの身に起こったなかでも最高の出来事の1つだ」。数年後、カーはそう語った。「おれはジョーダンに反抗し、やり返さないといけなかったんだ。あれで、いくらか敬意を払ってもらえるようになった」。カーの言うとおりだった。練習が終わるとすぐに、ジョーダンは車からカーを呼んで謝った。そのときから、ジョーダンにはチームメイトたちが共に戦えるようになったとわかった。

ジョーダンがチームでいちばん信頼する選手がカーになるなど、誰も夢にも思わなかった。選手としてはクローザーだったカーだが、ブルズを去ったあとに手にしたものはすべてまさにクリーナーのそれだった。カーはスパーズでチャンピオンリングをさらに2つとり、解説者としてのキャリア、フェニックス・サンズのGMを経て、再びテレビの仕事に戻った。ジョーダンが次のプレイではシュートを打てなさそうなので、すぐになんとかする必要があったとき、声をかけたのがカーだった。「カー、準備しておけ」。ピッペンでもホーレス・グラントでもトニー・クーコッチでもなく、ジョーダンはカーを信頼した。

クローザーが何をするのかを決めるのが、クリーナーだ。そうするのがいちばんだとクリーナーが判断しないかぎり、クローザーにはクリーナーの役目は担えない。ジョーダンが望まないかぎり、カーが試合終了直前のシュートを打つことなどありえない。そして、最初のときに成功してなかったら、カーに二度目のチャンスがくることも絶対になかっただろう。

マジック・ジョンソンとジョーダンはよく比較される。しかし、マジックは試合中カリーム・アブドゥル・ジャバー（NBA歴代1位の通算得点を誇る伝説の選手）を頼りにしたが、ジョーダンは誰も頼りにしなかった。シーズンの初めにジョーダンはよくチームメイトにこう言った。「1回はパスをする。それで何もしなかったら、もうおまえにパスはしない。シュートを外すのは自分でできるし、誰の助けもいらない。一度しかチャンスはないから、何かやるんだ。がんばれ！」

クリーナーから何かをする役割を与えられたときは、準備をしておいたほうがいい。その時点で、役員室にいようがロッカールームにいようが、自分が活躍したい場所にいようが、誰かがあなたのいるほうを指さして、「きみだ」と告げる。その機会では時間が1分しか残されていないかもしれないし、10分、1週間、1カ月、残されているかもしれない。しかし、その時間で何をするかで、その後のキャリアが決まる。監督や上司が好まないことをする人がいる。おそらく、いいプレイをしていないか、懸命に練習していないやつだ。そいつの座を奪うチャンスが与えられる。準備はできているか？　そこに割って入るだけのことをする気はあるか、入念に準備する気はあるか、初めからあなたにまかせていればよかったことを示せるか？　頭が冴えたまま集中を保てる方法は見つかっているか？　というのも、もしその仕事をうまくやって印象に残ったら、定着できるからだ。いまでは上の人間も、あなたが戦力になるとわかっている。だが、そこでうまくやらなかったら、それで終わりだ。あなたがつかめなかったチャンスを次の人が得る。チャンスは一度しかない。

クリーナーは自分が相手に期待し、求めていることを伝える。2012年のプレシーズンが始まる直前、ドワイト・ハワードはコービーに電話をかけた際の逸話を話してくれた。ハワードは腰の手術から85パーセントまで回復し、「いい感じだ」と言った。「それはよかった」とコービーは言った。「100パーセントにしないとな。優勝しよう。じゃあ」。おれのレベルに合わせろ。さもなければ、消え失せろ。

ジョーダンは、準備し、もっと激しく、強く、いいプレイをするよう、チームメイト全員に要求した。そして全員が、ジョーダン抜きでは同じことができないようなキャリアになっていた。「好きになる必要はないが、結果は気に入るだろう」とジョーダンは言った。ジョーダンの言ったとおり、全員好きにはならなかったが、レベルは上がり、前よりよくなったようだった。全員が成功を手にした。まったく出場できなかった選手でも、ジョーダンのおかげでレベルが上がった。ジョーダンはみんなからプレッシャーを取り去り、すべて自分にかかるようにした。

やがてジョーダンが去ったり、他の選手が移籍したりして、ジョーダン抜きでプレイしなければならなくなると、ほとんどの選手が肉体的にも精神的にも本来のレベルに戻ってしまった。ブルズよりあとの時期の何人かの選手を観たら、「マジかよ、どうしちゃったんだ？」と思うだろう。チームは元ブルズの選手と契約したのに、あるとき突然気がつく。「この選手にこんなに支払ったのか？」と。原因はジョーダンにある。ジョーダンがいなければ、誰も容赦ないプレッシャーをかけられず、責任感を保たせることもできず、ゆるぎない高いレベルを要求することもできない。何人かは他の分野ですばらしいキャリアを継続させた。ふたりあげるなら、スティーブ・カーとジョン・パクソンだ。しかし、他の大半の選手はジョーダンの期待に応えようとプレイしていた時期のレベルを保てなかった。

だが、だまされないでほしい。真のクリーナーは相手のことを考えてレベルを引き上げようとは考えていない。そこから何かを得たのならうれしいだろうが、何をするにしても、それはクリーナー自身のためであって、相手のためではない。クリーナーの目的は、望んだ結果を出すために、必要なところに人を配することだけだ。

２０１２年のマイアミが優勝したシーズンを見てみよう。あの最後の試合でのレブロンの活躍については好きなように語っていいが、ウェイドが彼をそこまで押し上げたからこそ、ああなったのだ。おぼえているだろうか。クローザーも勝利を決めるシュートを打てるが、クリーナーがクローザーをチームに引き入れ、しかるべき時にクローザーの手にボールがわたるようにするのだ。これはウェイドとレブロンを完璧に表している。ちょうどジョーダンが他のチームメイトにしたように――クローザーが何をするかはクリーナーが決める――レブロンのレベルが上がるためには、シーズンを通じて自分が力を抑えないといけないとウェイドにはわかっていた。そのことに疑問の余地はない。これこそクリーナーが立てる計画だ。自分がこうすると、彼はこうするだろう。そして最後には自分たちが勝つ。ウェイドの場合、さらに非凡なのは、膝に深刻なケガを負って自分でできることがかぎられながらプレイしていたことだ。そこでウェイドは、自分のためになるよう他の選手たちを配したのだ。任務完了。方法は問わない。ただ結果だけを求める。

ウェイドがチームの黒幕で、レブロンは与えられた役割を果たしたのだ。それ以外に考えられない。ウェイドが父ライオンで、レブロンが子ライオンのようだ。子ライオンは、何をしても、いざというときには父ライオンがいつもそばにいるとわかっている。必要なときには、父ライオンは割って入って家族を守る。子ライオンはどんなことでもやるべきことをやりつづける。ウェイドがチームにいなければ、優勝はできない。レブロンにどれほど実力があっても関係ない。ウェイドのリーダーシップ抜きでは、「ビッグスリー」擁する2012年のヒートは才能あふれる選手のいる別のチームでしかなく、優勝もできなかっただろう。

それなのに、ウェイドが自分の手柄だと語るのを聞いたことがない。なぜならウェイドは、それが自分の仕事だと思っているからだ。偉大なリーダーは周りのパフォーマンスを上げるいちばんいい方法を心得ている。その方法とは、そこで成長させたいと思っているところではなく、本当に成長できるところに人を配することだ。クリーナーは、もし能力があり準備ができている人がいたら、自分とともにその人がトップになるのを妨げたりしない。レブロンがリーダーに、クリーナーになる可能性を秘めた存在に進化すれば、やがて優勝できるチームをつくる責任を引き受けられるようになる。

あらゆることで優れた人などほとんどいないので、適切な結果を得るためには試してみないといけないこともある。ジョーダンがＮＢＡでセンターとしてプレイする可能性もあったように。１９８４年のＮＢＡのドラフトの前、ポートランド・トレイルブレイザーズは、その夏アメリカのオリンピックチーム――ジョーダンもそのチームの一員だった――を指揮したボブ・ナイトに電話して、ドラフトの２位指名で誰を選ぶべきか意見を求めた。ヒューストン・ロケッツが１位でアキーム・オラジュワンを指名するのは周知のことだったが、２位でサム・ブーイとマイケル・ジョーダンのどちらを指名するのか、ブレイザーズも含めて、誰もわからなかった。

「ジョーダンだ」とナイトは言った。

「わかりました。でもうちにはセンターが必要なんです」

「ジョーダンにセンターをやらせればいい」

おそらくジョーダンはセンターでもやっただろう。だが、ほとんどの人にはそんな選択肢はない。チームメイトや従業員を見て、何ができて何ができないのかを見極めなければならない。才能を評価する人間は「彼はこれができない、あれができない」と、悪い点に目を止めがちだ。わかった。彼は何ができるんだ？　いまの彼になったのには理由がある。どうやってこうなった？　彼にできないことは明らかになったのだから、できるようになるのを待つのはやめよう。彼に何ができるかを見極め、彼が輝けるところに配置しよう。

誰にでも生まれつき才能がある。だが、誰もが自分にどんな能力があるのか知っているわけではない。自分で見つけることもあれば、示してもらわなければならないこともある。どちらにせよ、才能はそこにある。それと同時に、持ち合わせていない能力もある。人生における挑戦とは、もっている能力を使うことと、もっていない能力を補うことだ。これは実に本能的なことだ。人間は生き残るために補う。目の不自由な人が聴力を高めることはよくある。身体の不自由な人が何かの分野で非凡な才能を発揮することがある。何かが与えられ、何かが奪われている。身長、技術、強さ、速さなど、信じられないほどの身体能力に恵まれたアスリートを何人も知っている。だが、労働意欲に欠け、支援してもらえる環境になく、そうした能力を活かしたり伸ばしたりできない。成功する人は自分のもっていないものを補う。成功できない人は言いわけをし、誰かを責め、足りないものを克服しない。真のリーダーはそうした欠点を見抜き、能力を確かめ、それぞれの力を最大限、引き出すことができる。

クーラーは何が起こるのだろうと思う。
クローザーは起こることを観察する。
クリーナーは何かが起こるようにする。

プレイオフ中、いざという時に備えたミーティングの際、私はコービーとこうしたことを深く話し合った。いっしょにいる時間、ただずっと話した。身体を使ったことはまったくしなかった。試合前のストレッチもしなければ、ウォームアップもしないし、ジムにも行かない。ただのんびりと座って話した。

コービーはチームメイトに憤り、彼らができないと思い苛立っていた。類まれな技術をもち、あたりまえのように才能があり、能力があまりに高い人は、みんなが自分のようにできないことが理解しがたいのだ。もっとやる気を出してがんばるという問題ではない。彼らはただできない。そして、このことにうまく対処しなければ、チームや職場などどこであれ、才能に恵まれない同僚に囲まれながら優れたパフォーマンスを発揮している人のいる場所はだめになってしまうだろう。

私たちはチームの全選手の欠点ではなく長所に焦点をあてて話し合った。私は言った。「リーダーとしてやるべきことは、チームメイトの能力を把握し、彼らの能力が活きるところに配置することだ」と。「たしかに、こいつはメンタルがだめだし、こいつはプレッシャーがかかるとシュートを打たない。こいつはレギュラーシーズンだと力を発揮するが、プレイオフになると化けの皮がはがれ、Dリーグ〔NBAデベロップメント・リーグ（NBA Development League）のこと。NBA後援のもと、将来のNBA選手を育成する目的で運営されている。2021年の名称はNBAゲータレード・リーグ（NBA Gatorade League）〕のプレイヤーみたいになる。だから、問題が起こりそうなところにこいつを置くのはやめよう。長所を活かして、それ以外はおまけだと思うんだ。きみがコントロールする。状況を支配して、自分の思いどおりに動かすんだ」

「でも」と私はつけ加えた。「きみはあまりに負けず嫌いだから、相手を非難して叩きつぶしてしまっている。自分がみんなに与える影響の大きさをわかっていない。きみの頭の構造がまるっきり違ってるからだ。きみが首を振ったり怒鳴りつけたりすると、みんな黙ってしまう。きみがチームのみんなを好きなことはわかってる。だから、彼らに敵対しているのではなく、支えていると思ってもらわないといけない」

「そんなことはしてない」と彼は言った。

「いや、してる。きみは話してるとき、相手が反応したり言い返したりする前に顔をそむける。自分の言いたいことだけ言って、相手には何も言わせない。相手の反応も見ないとだめだ。そうすれば、次にどうなるかわかる。うなだれているのか、怒っているのか。相手のモチベーションを上げられているのか、逆効果なのかがわかる。ネガティブなことを言って非難しても、元気づけられるどころか、落ちこんでしまうだけだ。相手を役立たずに思わせておいて、味方につけるなんてできない」

コービーはわかってくれた。次の試合になると、彼はハーフコートのあたりでチームメイトを励まし、自分が支えていることを示した。それが必要なことなら、やらなければならない。

しかし、リーダーによっては、自分でやってしまいたい誘惑に抗うのが難しい。コービーの仕事は1試合に30から40点とることだ。そんなコービーに、他の選手が点をとったり試合に入れたりするよう考えてほしいと伝えた途端、彼を試合から引き離すことになってしまう。もちろんチームを導くこともコービーの役割だが、他の選手が何本シュートを打ったかを気にしてばかりいられない。そういうことは各選手にまかせ、クリーナーのレベルまで引き上げるのだ。クリーナーに機会を与えられたら、準備をしておくこと。なぜなら失敗したら二度と頼まれないからだ。このことを忘れてはいけない。クリーナーは自分でやったほうが楽なのだ。船が沈没しそうになったら、クリーナーは船長としての責務を果たそうとするだろう。

クリーナーの仕事は状況をコントロールし、結果を出すために何をするべきかを決めることだ。「これをしろ」と指示するコーチや「あれをしてほしい」と言う選手がいるが、あなたに責任があり才能もあるなら、勝っても負けても、みんながあなたを指さすだろう。これはスポーツにかぎらず、どんなことでもそうだ。もしあなたが何かを実現させるために雇われているとしたら、結果を出すことだ。さもないと、その立場には長くはいられない。あなたには責任がある。失敗しそうなら、あなたがなんとかしないといけない。そうすれば、すぐに立ち直り、みんなまた軌道に乗る。すべてがあなたの肩にかかっている。

しかしそうした立場の者として、他のみんなが、あなたと同じ方向を向くようにしなければならない。あらゆるリーダーには仲間が欠かせない。そしてある時点で、仲間の全員にリーダーとはどういうものなのかを経験させなければならない。そうすることで、全員がトップで起こることの複雑な事情や問題や手触りがわかり、自分だけの小さな景色にとらわれるのではなく、大きな展望が理解できるようになる。たいていの場合、仲間たちに全体像を見せ、各自が成し遂げることを伝え、細かな点や性格や長所や短所を教えるとすぐに、つまり、完全な権限をふるう機会を与えた途端、大半がこう言う――「うーん、結構です」。安全で安心な自分の場所に留まるほうが楽だからだ。

このことをコーチよりわかっている人はいない。コーチは集団を理解するだけでなく、リーダーも同じように管理しなくてはならない。優秀なコーチは力関係を理解しているので、クリーナーには好きにさせる。クリーナーの管轄までコントロールしようとすると、結局コーチが職を追われることになる。クリーナーである選手がクリーナーであるコーチを求めるのは、お互いがやるべきことを理解し、尊重するからだ。クリーナーがクリーナーを裏切ることはない。

クリーナーはただ相手に仕事をまかせる。フィル・ジャクソンはジョーダンをどう扱ったらいいかわかっていた――「きみのすることを尊重するので、私のすることも尊重してほしい。きみは私が求めるプレイを何度かやってくれ。さあ、行こう」。ジャクソンは選手との関係を探求せずに、選手が力を発揮できるよう配置するだけだった。それから、できないことをさせようともしなかった。戦術にこだわるタイプではなく、絶対的な本能と試合に対する直感がすべてだった。ジャクソンは選手の性格を見抜いて、何ができるかを見定めた。

もうひとりのクリーナーであるパット・ライリーの場合、結果がすべてなので、ここまで成功してきた。選手はライリーの方法でやらなければならない。そうしなければ、選手は強制される。エリック・スポールストラがヒートを優勝させられなかったら、ライリーがコートに下りてきてチームを引き継ぐのではないか、という噂がしばらく飛び交っていた。選手たちは恐々とし、スポールストラのために優勝したほうがいい、と考えた。絶対的な力を誇るライリーとは対照的に、スポールストラは厳しいだけだったからだ。師匠より弟子のほうが扱いやすいというわけだ。

私が知っているなかでは、ダグ・コリンズが最も優れた戦術家だ。コリンズは、みんなより3手先を見通すので、他の人には何が起こるのかわからない。意味のなさそうな戦略的状況に選手を配置するのだが、試合が進んでいくと、突然、すべてが実際に起こるのだ。コリンズのバスケットボール・マインドは卓越している。しかし、彼はときどき、みんながそうできるわけではないことを忘れてしまう。ライリー、ヴァン・ガンディ、シカゴのトム・シボドーといったコーチたちは、どういう状況か選手に説明し、彼らのやり方でプレイするよう求めるが、その指示に従いたくない高額年棒のスター選手とのあいだで軋轢《あつれき》が生まれることがある。こうしたスーパースターたちに、「練習が3時間、シュートアラウンド（非公式の練習、または試合前の練習）が2時間」と伝えると、すぐに反乱が起こる。他のチームでは練習時間ももっと短いし、もっと楽だという噂を耳にしているので、彼らは「どうしてこんなに激しくやらなくちゃいけないんだ」と疑問に思う。選手たちが若手なら、この問題もなんとかなる。だが、ベテラン選手やすでにタイトルを獲ったことのある選手の多くは取り組もうとしない。そのため、チームが勝っていなければ、選手たちはコーチの哲学を渋々にでも認めようとしない。

私はマイク・シャシェフスキーと懇意にしていて、何年ものあいだ長い時間話してきた。シャシェフスキーは自分のシステムに適した選手を取り入れるのに誰よりも長けている。「こいつは背が高いからここ、こいつはバスケットボールIQが高いからこっち、シュート力のあるこいつは……」という具合に、すべてが機能するようまとめあげる。すばらしい才能に恵まれた選手たちばかりではないが、シャシェフスキーは何が自分のチームで機能するかを心得ていて、選手たちに何ができるか、どう配置すれば輝くかを熟知している。だからこそ、オリンピックチームのコーチとしてこれほどすばらしいキャリアがあるのだ。彼は選手の望むところではなく、必要なところに選手を配する（12人ものスーパースターを扱う場合、たいへんなことがたびたびある）。いっぽう、ジョン・カリパリは正反対の方法をとる。彼は最高のアスリートを求めるので、何かを指揮する必要がない。勝利という結果を達成するが、指導や指示をそれほどしなくても勝つために、選手の能力に重きを置く方法だ。

だが、スポーツやビジネスなど、どんなものであれ、どのようにチームをつくっても、どのようにパズルのピースをはめこんでも、欠かせない男がいる。それは、誰かに闘志を燃やしてもらう必要のない男、尊敬と畏怖と注目を集め、自分に求めるのと同じくらいすばらしいパフォーマンスを周りにも要求する男だ。チームでいちばんうまかったり、いちばん才能があったりする必要はない。その男はみんながついていくことのできる模範となる。

他の人に火をつける方法は、自分自身の内なる炎を燃やすことしかない。プロ意識をもち、冷静に、集中して。夜遊びをして、翌日、準備万端で現れなかったり休んだりすると、自分だけでなく周りのみんなにも影響がある。プロフェッショナルは個人的な事情で周りを失望させたりしない。姿を現す必要があるなら、姿を現す。部屋のなかにいる全員のことが大嫌いかもしれないが、自分の存在によって全員が盛り上がるなら、チームがまとまるのなら、よいパフォーマンスを引き出せるなら、自分の目標に1歩近づくよう努力する。そのようにして周りの人間を自分のレベルまで引き上げる。現在地を示し、目的地までたどり着くための模範を示すのだ。

1

あなたがクリーナーなら……

提案などせず、結論を出す。他の人が質問しているとき、すでに答えがわかっている。

私は、次の3つの言葉をいい意味では使わない。

内に秘めた意欲。

情熱。

グラスに半分も入っている、あるいは、半分しか入っていない。

この3つに共通していることがわかるだろうか？

要するに、すべてこう言っているのだ。「考えたけど、何もしなかった」

「内に秘めた意欲」ってなんだ？　そんなものは考えるだけで何もしないだけだ。心のなかでうろうろしていたって、どこかにつながる道にすら行きあたらない。考えたことが表され、行動に移されないかぎり、なんの価値もない。内なる意欲がなんの役に立つ？　どんな結果を生む？　内なる意欲を語る人間は、考えや口ばかり達者で、何も生み出さない夢見がちな連中だ。やるつもりのことならなんでも語るが、何もしない。それが内なる意欲ってやつだ。

話を続けよう。

情熱とは、何かに対する強い気持ちや感情だ。すばらしい。さて、どうする？　情熱を感じているだけなのか？　それとも、それに対して何か行動しようとしているのか？　モチベーションの高い人が「情熱に従うんだ」と言うのを聞くのは好きだ。だが、従う？　情熱に取り組むんだ。情熱を上回るんだ。誰よりも情熱を求めるんだ。そう思うだろう？

さて、私のお気に入りは、透明なグラスに半分も入っているのか、半分しか入っていないのか、という決着のつかない議論だ。

これは、決断する能力がまるでないことに悩んでいる人の発想だ。半分も入っているか、半分しか入っていないか、だと？　グラスに入っているのか、入っていないのか、だ。中身を気に入っているなら、もっと足せ。気に入らないなら、流して捨てて、注ぎなおせ。そうしないということは、この存在しないグラスをじっと見つめながら、「ああ、決められない」と思っているだけだ。

くそったれめ。決断する方法はあるのに、決断したくないのだ。誰かが、半分入っている／半分しか入っていない、と考えはじめた途端、決断できない／しない人との意味のない長い議論に引きずりこまれるのがわかる。私からすると、そんなのは交通量の多い交差点のまんなかに立って「どうしよう！」と叫んでいるのと同じことだ。周りの人間はみんな「そこをどけ！」

と叫んでいる。

自分を信じて、決断しろ。

毎分、毎時間、毎日、座ってどうしようかと考えているあいだに、誰かがすでに行動している。

左に行こうか右に行こうか、こっちに行こうかあっちに行こうか、と選んでいるあいだに、誰かがもうそこにたどり着いている。

次にどうしようか考えすぎて、分析しすぎて立ちすくんでいるあいだに、直感で動いた誰かに先を越されている。

自ら選ばないかぎり、選択肢はなくなる。

大半の人は決断したがらない。提案をして、みんながどう思うか様子を見る。そうすれば、「ただ提案しただけ」と言えるからだ。正しい答えがわかっているのに行動しないのは、うまくいかなかったとき、責任をとらなければならないし、誰かのせいにもできないからだ。いっぽう、決断しようとする人は、うまくいったとき、その業績を独り占めできる。そして、彼のした選択は、彼以外の人にはうまくいかないかもしれない。しかし、誰も責任をとらなかったのだから、残念だが仕方がない。

クリーナーが決断するのは、誰かに決断をゆだねる可能性などないからだ。誰かに意見をたずね、それを参考にするかもしれないが、クリーナーは誰かに言われたとおりにはしない。クリーナーはただ自らの本能に従う。そして、いったん決断を下したら、決して変えない。その選択をどう思われようが気にせず、結果を受け入れる。

クリーナーは決断し、実行する。

次の点について、私はクーラーを評価する。クーラーには、決断を再考し、理由があれば方向を変えるのをいとわない柔軟性がある。クリーナーなら、「失せろ」と言うだけだろう。

何かを考える方法を考えすぎて、座ったまま一生を無駄にすることはある。この手もあるし……でも、あの手もある……そうすると、こうする手が……やめろ。手は2つしかないし、それでじゅうぶんだ。

誰かが「前向きに考えるんだ！」と言い、誰かが「後ろ向きになるつもりはないけど……」と言う。ポジティブ・シンキングもネガティブ・シンキングも私は信じない。多くの「専門家」がそれについて立場をはっきりさせながら金を儲けている。好きにすればいいが、私の選手たちとは距離を置いてもらおう。前向きに考える人は成功だけを思い浮かべるように言う。後ろ向きに考える人は失敗するあらゆる可能性に目を向けるように言う。ふむ、思い浮かべることは実現させることではない。想像上の問題を考えすぎると、いたずらに恐怖と不安を生んでしまう。私としては、精神安定剤《ザナックス》ではなく、反射神経と本能で自分の身を守ってもらいたい。

私が「問題がある」と言うのを耳にすることはないだろう。適応すべき状況や解決すべきことはあるかもしれないが、問題などない。どうして自動的にネガティブなものとみなすのだろうか？　本能はポジティブだのネガティブだのといったとらえ方をしない。そこには状況と自分の反応と結果があるだけだ。何かに対して備えができていたら、よい状況か悪い状況かなどと考えずに、全体像を見ているだろう。もしそのことについて考えているとしたら、あなたはゾーンに入っていない。何をするべきかだけに集中するのではなく、気が散っていて、エネルギーと感情を浪費している。考えたところで結果は出ない。行動だけが結果を生む。成功をつかむためにあらゆる準備をして、あとは行動するのみだ。あなたをバックアップし安全を確保してもらうのに１００人も必要ない。自分でする準備と本能があなたを守ってくれる。

突然すばらしいアイデアが閃《ひらめ》く。頭のなかで見事なほど活気づき、何人かに話してみる。すると、相手からうつろな目でじっと見返され、急速に熱意が薄れていく。どうしてか？　数時間前まで気に入っていたのと同じアイデアなのに。何が起こったんだ？

考えるのをやめるんだ。

最初に思いついたあと、あの瞬間的な直感のあと、どうして否応なく襲ってくる後知恵や疑念や分析といった根拠の弱いものに屈してしまうのか。他の人に従うのか？　それとも自分の本能に従うのか？　話している内容をわかっている人と失敗しか知らない人、どちらの助言を聞くのか？　自分で下した決断について考えすぎる隙ができた途端、こんなふうに言いはじめる。「ひと晩寝かせてみるよ」「保留にしてみよう」。つまり「自分の決断に自信がない」というのを言いかえただけの愚かな常套句を口に出すわけだ。保留？　保留というのは落ちつかせるためにすることだ。生き生きとしたアイデアを殺してしまうだけだ。そのうちに、すっかり忘れてやめてしまい、どれほど成功に近づいていたのかもわからなくなる。

常套句といえば、ここにためらいと無関心を賛辞する別の表現がある。

待てば海路の日和あり。

違う。海に出たものにだけ道は開ける。あせってはいけないというのはよくわかる。あなたは不用意にではなく素早く行動したい。だが、ただ傍観しながら何かが起こるのを待つのではなく、結果を求めて努力しなければならない。待ってなどいられない。月曜日に下さなかった決断は、火曜日になっても残っている。そのときには、新たに2つの決断を下さなければならなくなっている。そこでも決断しなければ、水曜日には3つになる。すぐに放置したものに呑みこまれて、完全に立ちつくし、あなたは身動きがとれなくなるだろう。

いっぽう、失敗を恐れて何もしないでいると、あらゆる失敗をしてそこから学んだ誰かに、あなたの弱さを鼻で笑われながら先を越されるだろう。

ようやく決断すべく自分を奮い立たせたとして、あなたはどんな選択をするだろうか？　ほとんどの場合、最初の反応に、物事が始まったときに思いついたことに立ち返る。すでにわかっていたんだろ？　どうして最初から自分を信じなかったんだ？

立ち上がって夢を叶えるのに、誰かをあてにはできない。人にはそれぞれ自分の夢があるので、あなたの夢を気にかけたりしない。可能であれば手助けすることはいとわないかもしれないが、結局のところ自分次第だ。最高の人たちを周りに集め、長所と短所を自覚し、みんながベストを尽くしてくれると信じることだ。しかし最終的には、責任はあなたにある。計画を立て、実行するんだ。

あなたはどんな計画を立てるだろうか？　すべてはシンプルな着想から始まる。あらゆるアイデア、あらゆる発明、あらゆる計画、あらゆる創作物……すべては1つの考えから始まる。しかし、考えたことを実現するには、計画をまとめなければならない。トレーニングを始める、スポーツの練習をする、ビジネスをスタートさせるなど、ただ考えることはできる。目的を実現させるために計画を立てることはできる。現実を見据えよう。どれくらい時間がある？　どれくらい時間をかけられる？　自分の予定のなかでその計画を優先できるだろうか？　他にやるべきことの合間を縫って取り組めるだろうか？　自分の目標と興味をきちんと反映した計画を立てれば、さらに実行しやすくなるだろう。週に3回しかするつもりがないのをわかっていながら、毎日取り組むように見せかけなくてもいい。

自分で選択し、そのとおりにする。

ほとんどの人にはそれができない。「その場の思いつきでやる」か「見守る」だけで満足してしまう。やれやれ。そんなやり方で始めたらどうなるかはわかりきっている。何を始めたとしても失敗する。だが、大半の人がそうするのだ。彼らは飛びこむ前に「様子を見る」。なぜか？　水のなかにワニがいるおそれがないかぎり、飛びこんだところでどんな最悪の事態が起こる？

濡れるだけだ。クリーナーは「問題ない。泳ぐから」と考える。たいていの人はタオルを探しながら断崖で立ちすくんでいる。

ああ、泳げないのか？　わかった。じゃあ、何ができるのか言ってくれ。どうして水辺で申しわけなさそうに突っ立ってるんだ？　違うところに行って、そこで勝てばいい。みんなは同じプールで場所とり合戦をしているのだから。他の人の後追いをしてもものすごい人にはなれない。みんなよりうまくできることをして、目的を達成するんだ。そして毎日、どうして自分がいちばんなのかを証明する。

あなたは次のような人のことを知っておかなければならない。彼はなんでもできる。今週、彼はブロガーでありシンガーソングライターでありモチベーターだ。先週は、ふた晩テニスを教えて、すし職人として働いた。週末には１９５５年製のマセラッティをレストアする。彼の話を聞いていると、自分が人生で何も成し遂げていないような気がしてくる。そう感じるのも、詳しく話を聞いて、彼も他の人と同じようにたくさんのことに手を出して、何も成し遂げていないとわかるまでだが。この手の人の話を聞くと、「私の知るかぎり、あなたが得意なのは忙しくすることだけだ」と思う。

私は「おれはこれをする」と言う台詞を聞きたい。コービーに何をするのかたずねると、こう答える――「おれは数字を出す」。数字だって？「ああ。おれは、81点、トリプルダブル（ひとりの選手が1試合で5つの項目（得点、リバウンド、アシスト、スティール、ブロックショット）のうち3項目で2桁を達成すること）、61点といった数字を出す」。みんなはコービーがあまりパスしないことにコメントするのが好きだが、彼の役割は点をとること、数字を出すことだ。それがコービーの仕事なのだ。

私は選手にこう伝える。「自分の能力を最大限発揮するには、○○を第1に考えるんだ。○○については、きみを最高レベルにしたい。他のことについては、平均かちょっと上ぐらいでかまわない。だが、○○ができる人の話題になったときには、真っ先に名前が挙がるようになるんだ」

そうしないと、大半の人はなんでもできることを見せたがり、結局は自分の本当の能力を損なってしまう。スリーポイントシューターでないのなら、スリーポイントは打たないことだ。ホームランバッターではなく、塁に出て盗塁する選手なら、そうするんだ。大金を稼ぐには1つのことでエキスパートになれ。そうすれば、そのことで必要に迫られた人はいつもあなただけを求める。

数年前、世界でも選りすぐりの射撃の名手のための練習場がある、FBIの訓練施設をジョーダンと訪れた。そこではひとりの男が繰り返し腕を磨いていた。射撃の的は360メートル以上離れている。アメリカン・フットボールのフィールド4面分の長さだ。彼はトラックに乗りこみ、標的のところまで行ってセットし、戻ってこなければならない。それから、スコープの付いた銃を手に取り、狙いを定めて、1発。ヒュンという音がしたが、銃声すら聞こえなかった。私たちはトラックに同乗し、的まで行く。どまんなかに命中している。的のどこかに当たっているだけでも感心しただろう。それなのに、360メートル先の的のどまんなかなのだ。「この練習場を何人が使っているのか」とジョーダンはたずねた。彼は答えた。「私だけだ」。そのため、私たちのような訪問者がいないかぎり（めったにないことだ）、彼はひとりきりでこの練習を何度も何度も繰り返す。この距離の射撃ができる人間を軍が必要とする場合、彼に連絡が入る。これほどの腕前になるために彼が毎日何をしているのか、誰も知らない。彼が結果を出せることしか知らないのだ。

自分がやることを理解し、実践するんだ。それを誰よりもうまくやること。

そして、あなたのするその他すべてのことの中心に、それを置くこと。自分が精通していることを続けよう。一芸に秀でているというのは、レストラン経営や車のディーラーやスポーツウェアブランドの経営もできるということではない。ビル・ゲイツがスポーツウェアのブランドを立ち上げたりしないのだから、そういうことはまずやらないほうがいい。

長年この仕事をしているが、最高のレベルを目指す決断ができないプロのアスリートに接すると、いまだに落胆してしまう。これはあなたの身体であり、あなたの生活であり、プロのアスリートという波には数年しか乗れない。この流れに乗るのか、それとも水が冷たすぎると愚痴を言いながらビーチで寝そべっているのか？

アスリートにとって最も難しい決断の1つが、どれくらいの疲労や苦痛に耐え、どれくらい身体を追いこむかを決めることだ。どの選手も痛みを抱えたままプレイしている。いつも身体では何かが起きている。問題は、どうやってメンタルに影響を及ぼすのを防ぐかだ。絶え間ない痛みを抱えることになると知っていたら、不快な思いをしても平気でいられるだろうか？

ケガをして医者に安静にしているよう言われると、それを受け入れ、ホッとして、それで困らない選手がいる。クリーナーがケガをすると、ワークアウトする方法を探そうと必死になる。どちらかの道を選ばなければならない。医者の言うことを聞いて、安全だが時間をかけて回復に努める道か。短期間で素早く治療し、長い期間ではないがとりあえずプレイできるようにする道か。どちらを選ぶかは、選手が復帰をどれくらい望んでいるか次第だ。

生き残るために身体の一部を切断しなければならない状況に置かれたとしても、クリーナーはためらったりしない。身体の一部がなくても適応できる方法を探す。指1本だって？　指1本なくてもなんとかなる。指1本なくすか、1シーズン棒に振るか？　クリーナーは指を差し出す。

コービーには、ふつうなら曲がらないあらゆる方向に曲がる指が1本あった。ふつうの人だったら手術を受けて治すだろう。だがコービーにとって、指を完全にうしろに曲げられなくなる以外のどんな利点があるだろうか？　手術を受けたら9カ月バスケができなくなる。それだけの価値があるだろうか？

クリーナーは心身の痛みにかなり耐えられる。どれくらい耐えられるか、どんなことなら耐えられるか、万全な状態でなくてもどれくらいプレイできるのか、それらを見定めるのもまた大きな課題だ。ジョーダンの伝説となった〈インフルエンザ・ゲーム〉は1997年のNBAファイナルの最中にあり、コービーの有名な〈インフルエンザ・ゲーム〉は2012年のシーズン中にあった。身体が病気のときのクリーナーには気をつけたほうがいい。クリーナーは自分に何ができるのか、自らの肉体に挑まれているからだ。それに、身体が万全でなくても、相手を倒す別の方法を見つけるからだ。たいていの場合、心理戦を激化させる。フィジカル面であれメンタル面であれ、体調不良はゾーンに入る最良の方法の1つだ。生存本能のスイッチが入り、弱った状態に反抗する余分な力を与えてくれる。

かの有名なジョーダンのインフルエンザについてだが、いまではほとんどの人が、実際はインフルエンザではなかったと思っているだろう。ユタ州でのあの夜はむしろ食中毒だった可能性が高い。体調を崩す少し前、パーク・シティで唯一開いていた店から深夜のディナーを注文した。すると、配達に6人もやってきた。私は何かおかしいと思った。そのすぐあと、ジョーダンが床でのたうち回った。ひどい状態で、震えていて、見たことがないほど具合が悪そうだった。だが、ジョーダンは根性と断固たる決意で次の日の夜プレイし、38得点を上げた。キャリアを通じても記憶に残る試合になった。「いままでいちばん難しかったんじゃないかな」とジョーダンはのちに語った。

何もかも危機に瀕したとき人間にどんなことができるか、まったく驚いてしまう。

人生を変える決断がある。引退したほうがいいか？　手術を受けるか？　夢をあきらめるか？　あまり意欲をかきたてない決断もある。

毎試合後、私はジョーダンにある質問をしていた――5？　6？　7？

翌朝、何時にジムにくるかという意味だ。

ジョーダンが時間を答えて、それで終わりだ。特に負けた試合のあとは、他に言うことは何もなかった。話し合いも、議論も、翌朝は休みにしようとかいうくだらない話もなし。だいじょうぶか？　だいじょうぶだ。じゃあ、また朝に。

次の日の朝、決めた時間が何時であれ、ジョーダンが目を覚ますと、ドアの外には私が立っている。いい試合、悪い試合、痛み、疲労など、昨夜どんなことがあったとしても、ジョーダンは毎朝起きてトレーニングした。大半の選手が寝ているあいだに。

誰よりも才能に恵まれて成功している選手が、誰よりも時間をかけてトレーニングしているのが興味深い。

◇　◇　◇

コービーも同じだ。トレーニングにかけては飽くなき情熱を燃やす。1日に2回ジムに行き、夜にもう1回戻った日もある。さまざまなことを試し、あることについて取り組み、いつもさらなる強みを求めていた。コービーほどのすばらしいレベルでは、失敗は許されない。その日の試合で誰ひとりとして、コービーより厳しく取り組み、身体を手塩にかけ、コンディションをピークに保つために適切な人材で周りを固めている選手はいない。いい、いい、いない。

それでも簡単なことではない。コービーは毎日、「やる」という決断を下す。繰り返しになるが、誰よりも才能のある男が誰よりも厳しく取り組んでいる。

それが選択なのだ。

コービーのワークアウトには約90分かかる。そのうち30分かけて手首、指、足首など細部に取り組む。

一流の人間がさらに向上するのは、このように細部まで気にかけるからだ。

トレーニングのたびに、ある時点でコービーは私をにらみつけてたずねる――あと何をするんだ？　実のところ、トレーニングは厳しくいつまでも終わらず、バスケットゴールが３００メートル上空にあるようで、鉛の靴を履いたまま手を伸ばすように感じることもあるからだ。

それでもコービーはやる。もしリングにボールを入れられなければ、何もかもなくなってしまうからだ。選ぶとはそういうことだ。

人生において何をしていようと、すべてはこれに帰する。あなたは成功するために決断することをいとわないだろうか？　その決断を貫けるか、それとも辛かったらやめてしまうか？　みんなからやめるように言われても、やり続けることを選べるか？　苦痛は、身体面、精神面、感情面とあらゆるかたちで襲ってくる。痛みから解放されたいか？　それとも、苦痛を乗り越えて、先に進んでいく決意と誓いを守れるか？　あなたが選ぶのだ。どうなるかはあなたにかかっている。

1 あなたがクリーナーなら……

仕事を好きにならなくていいが、結果には執着する。

クーラーへは支払う額を減らしたくなる。

クローザーは金額をたずねてから、どれくらい熱心に働くかを決める。

クリーナーはお金のことを考えない。自分のやるべきことをすれば、相手が喜んで報酬を払うとわかっているからだ。


記念すべき日がついにやってきた。首には200ドルのネクタイが非の打ちどころなく結ばれ、新しいドレスを着た母親と家族が傍にいる。「いよいよだ」と誰かに耳元でささやかれる。コミッショナーが壇上に立つ。「11位の指名は……」。もう何も聞こえない。最初に抱きついてくるのはエージェントだ。

おめでとう。今日がキャリアの終わりの始まりだ。

ほっとしたか？「ようやくここまで成し遂げた。これで一生安泰だ」と思ったか？それとも「やるべきことがたくさんある」と思ったか？

ドラフトのおこなわれる日、ほとんどの人がお祝いに出かける。だが、コービーは練習をしにジムに出かけた。

トップにたどり着くことと、トップで成功することは同じではない。これはどんなことにもあてはまる。職に就くこととその仕事を続けることは違う。顧客を得たとしても、ずっと顧客でいてくれるとはかぎらない。ほとんどの人にも、このことはわかっているだろう。人は大きなチャンスを得ると、それだけの価値が自分にあることを証明するために努力を重ね、報酬を得なければいけないことにたいてい気がつく。

しかし、ただ一獲千金を狙うアスリートの場合、契約書にサインをした日からあっさりと終わりが始まってしまう。すでに周りからちやほやされ、シューズの契約の準備もできている。所属するチームだけでなく、契約しているスポーツブランドによって有名になっている。夏には練習に励むのではなく、自分のスポーツウェアを売るために世界じゅうを回る。「友だち」の規模が1週間前と比べて10倍に膨れあがる。そして、その競技における自分の可能性を夢見ることがなくなり、そこから何を得られるのかを考えるようになる。

差し出されたものを受け取ったら、おしまいだ。

アスリートを例にあげたが、これはどんな人にもあてはまる。あなたは何を与えられていて、何を得ようとしているのか？

ある時点で、あなたは何かをもらっている。才能に恵まれているかもしれないし、家業を受け継いでいるかもしれない。誰かがあなたの能力を買ってくれて、門戸を開いてくれているかもしれない。それで、どうなる？　扉というものは２つの方向に動く。扉を閉ざしたのは、競争相手に対してか、それとも自分自身に対してか？

何かを受け取るのは悪いことではない。そこから挑戦が始まるのだ。ばかげた夢を見るたくさんの人と同じように、私もチャンスを見つけて、それを広げるために励み、自分がどこまで耐えられるのかを確かめるべく、努力するのをやめなかった。私をこき下ろしたい同業者はいつもこう言った。「そりゃあ、マイケル・ジョーダンのトレーニングからキャリアを始めたなら、何も難しくないだろ」。もし最高の選手と組んで、その選手をさらに高める方法を見つけるのが「難しくない」と思うなら、そうした挑戦に立ち向かう必要はない。凡庸な選手を向上させるのは簡単だが、最高の選手を向上させるのは簡単ではないのだ。

クリーナーの法則。競合相手から、あいつは「運がよかった」と愚痴をこぼされるようになったら、正しいことをしているのがわかる。

近道もなければ、幸運もない。プレッシャーのかかる状況では、いつも「幸運を《グッド・ラック》」と口にされるが、そんなものはありえない。大事なのは幸運ではない。私はそんなものは信じない。事実とチャンスと現実があるだけで、それにどう対応するかで、成功するか失敗するかが決まる。宝くじでさえ、大切なのは幸運ではない。そこには一連の数字があり、正しい組み合わせを手に入れられるかどうかなのだ。試合が拮抗している場面で、「グッド・ラック」などと言われたくないだろう。準備ができていないように聞こえるからだ。就職の面接に向かうとき、幸運など必要ない。必要なことは、準備ができていて事態を把握していることを自覚し、予測できない出来事や不可思議な介入に頼らないことだ。幸運というものは、思いどおりにいかないときに便利な言いわけになり、自分の運命を決める幸運を待っているあいだ、気楽にしている理由にもなる。未知なるものにすべてを賭けようとしなければ、リレントレスにはなれない。

何を受け取っていても問題ではない。「これはおれが成し遂げた」と言えるかどうかは、受け取ったあとで何をするかにかかっている。もし何かを与えられ、これで安泰だと思ったら、偉大さもすばらしさも理解するチャンスはない――ゼロだ。それでは、誰にも止められない状態とは正反対だ。自らの手で何もかもを止めてしまったのだ。

ウェイドは才能だけを与えられてトップに上り詰めた完璧な例だ。バスケットボールでは無名のシカゴの弱小校から、ほとんどどの大学からもスカウトされず、マーケット大学に進んだ。学業の関係で1回生のときは出場すらできなかった。しかしウェイドには、プロになれるチャンスがあったときに必要なものがわかっていたので、必死にがんばってコートに戻った。2003年、ドウェイン・ウェイドは、レブロン・ジェイムズ、ダーコ・ミリチッチ、カーメロ・アンソニー、クリス・ボッシュに次いで5番目にマイアミ・ヒートから指名された。

そう、ビッグスリーのなかで、ウェイドは最後に指名されたのだ。

広告にも出ておらず、100万ドルのシューズ契約もなく、栄冠とは無縁で、ウェイドはマイアミにやってきた。ただ現れてプレイし、3年後、最初のチャンピオンリングを手にした。ウェイドより前に指名された選手が同じことを成し遂げるのに、何年もかかった。

まるで手の届かないものを手に入れようと格闘するまで、リレントレスであることの意味は理解できない。何度となく、手に触れた途端に、それははるか遠くに行ってしまう。それでも身体の内にある闘争本能によって前進し、到達し、ようやくつかみ取り、手放さないために全力で戦う。すぐ目の前にあるものなら、誰でもつかめる。人は本当にリレントレスなときだけ、留まることのない目標を追い求める、断固たる決意を理解できる。

才能に恵まれた人は他の人より早くトップにたどり着く。このことに疑問の余地はない。でも、それがどうしたというのだ？　同じような高みにたどり着けない言いわけがそれか？　挑戦は続いているのに、ほとんどの人がそこに心血を注ぎこまない。選ばれた人間になりたければ、勝ち取らなければならない。いつでも、どんなことでも。勝ち取れ。証明しろ。すべてを捧げるんだ。

近道はない。やっかいな仕事と格闘せずに、大きなことに取り組むことはできない。泥だらけになって転げまわり、日々の生活を乱すゴチャゴチャした嫌な問題に対処してこそ、ようやく大きなことに取り組む準備ができるのだ。どんなことであれ、大きなことから始めてしまえば、それに戦って打ち勝つための準備などできない。どれほど本能が優れていたとしても、自分の武器をつくりあげるのに欠かせない基本的な知識にはいつも事欠くだろう。そして、こうした大きなことに取り囲まれていると、必死になっている新参者であることを周りに見透かされてしまう。

ある夏、私のジムにはベテランからドラフト前の選手まで50人ほどがいた。そこに、やっかいな仕事にまったく取り組んだことのない若者がいた。トップクラスのコーチ陣を揃える名門校出身で、必要なものはなんでも与えてくれる名家の出だった。彼はトレーニングに励んだが、奨学金からトロフィーまで何もかもをあまりに簡単に得てきた。そうして、多くの代償を支払わずしてスターになった。彼は、自分が上位で指名されると見こんでいたものの、大学のような環境もなく、あたたかいファンもいない現実の世界がどうなっているのかはわかっていなかった。

ボールに触れた途端、彼は目をつけられた。ジムにいる全選手に、その日あるミッションが課せられていた――「このガキをぶちのめせ」。ほめられたことではないが、競争とはそういうものだ。彼はこのレベルの熱量と荒々しさにさらされたことがなかったため、すっかりぼろぼろになった。何ひとつできなかった。この日ジムにいる50人のなかで、彼は51番目だった。自分の準備ができていないとき、雑誌の表紙になることも優勝パレードの主役になることも助けにならないと、彼は身をもって学んだ。

トップから始めた人間には、いちばん下にいるときに何が足りないのかがわからない。郵便物の仕分け、深夜のレストランの清掃、ジムの設備の修理などから始めた人間には、物事をどのようにやり遂げるのかがわかっている。少しずつ地位を高めていった人には、すべてがどのように機能しているのか、どうして機能するのか、うまくいかないときにどうすればいいのかがわかる。こういう人は息が長く、価値も影響力もある。それはトップにたどり着くには何が必要かわかっているからだ。27キロ地点からスタートしておいて、マラソンを走りきったとはいえない。

ほとんどの人が、階段を上るのではなくエレベーターを探す。楽な道を求めるのだ。トレーニングやダイエットをやめてしまうのは、あまりにきついからだ。仕事においても生活においても、進歩するのをやめるのは、やることが多すぎるからだ。プロになれた選手も、厳しすぎるコーチのもとではプレイしたがらない。苦しさに耐えられないため、楽な方法を探し、それが見つからないとやめてしまう。

そのすばらしい動きや忘れられない数々の瞬間について、ジョーダンは基本があってこそ成し遂げられたとわかっていた。子どものころからそうした基本の動作を何度も何度も練習してきたおかげで、ジョーダンは他のあらゆることが可能になったのだ。見栄えがいいだけの練習はせず、ぶれずに地道な練習に励んだ。どこまでもリレントレスに。クリーナーは一時の喜びなど歯牙にもかけない。長い期間で見返りがあるように労力をかける。

自分の胸に正直に問いかけてほしい。本当にほしいものを手にするために、何を犠牲にしなければならないだろうか？　社会生活？　人間関係？　クレジットカード？　自由時間？　睡眠？　では、この質問に答えてほしい。何を犠牲にする意志があるだろうか？　この2つのリストが合致しないのなら、あなたはそれを心から望んではいない。

どんな仕事にせよ、お金のためにやっていたり注目をあびるためだったり、一生懸命取り組んでなかったり全力で向き合っていなかったり、こんなものでいいかなと思っているとしたら、私はこうたずねないではいられない。どうしてだ？

多くの人にとってはそれでいい。批判するつもりはない。ふつうの人はプレッシャーもストレスも求めていないし、友人や家族の時間を犠牲にしたくもない。気が向いたらパーティをしたいし、できるときは朝寝坊したい。心配や責任やプレッシャーをそれほど感じずに寝起きしたい。それはよくわかる。そのほうが人生をはるかに楽に生きられる。

しかし多くの場合、周りを見渡して自分より成功している人のことをこう言うのも、同じ人たちだ――「あいつはなんてラッキーなんだ。信じられないよ。私だって、もし……だったらできたのに」。待ってくれ。どうだったらできたというのだ？　もっと時間と労力をかけたら？　どんなことであれ、成功者のように真剣に取り組んでいたら？　成功者が支払った代償を自分も支払っていたら？　あなたができないどんなことを成功者はしているのだ？

同じことはあなたにもできる。もっとできる。どうして前に進まないのだ？

たとえ、成功者のようにはできなかったとしても――同じようにしなければいけない理由などない――どうして自分のやり方でやらない？

同じチャンスを与えられていて、自分がそのチャンスを逃したのに、誰かをうらやんだりするな。

いつからがんばることが技術になったのだ？　一生懸命がんばるのに才能は要らない。誰でもできる。ここに来て、真剣に取り組み、私の言うとおりにする。ひたむきになるために、進歩するために、向上するために必要なのは意志だ。チームのスターだろうが補欠だろうが私は気にしない。ここに来て、真剣に取り組み、私の言うとおりにすることは誰にでもできる。あなたはどこにもない近道を探しているのか？　それとも、まっとうなやり方で取り組む準備ができているのか？　楽にしたいのか？　すばらしくしたいのか？

労働争議のため2カ月遅れて始まった2011－2012年のNBAシーズン中、たくさんの選手が大きなケガに見舞われた。正直なところ、その原因のほとんどがロックアウトのせいだった。シーズンが短縮され、休養があまりとれずに多くの試合をこなさなければならなかったのだ。ロックアウトが終わると、リーグはすぐに動きだし、満足のいくトレーニングや練習の期間がとれなかった。「選手の準備期間がない」とみんなが不満を漏らした。その結果どうなったか、すぐに明らかになる。たくさんの選手が身体をつくれず、コンディションを崩し、プレイできる状態になかったため、ケガすることとなった。ある選手は数日、あるいは数週間、別の選手はフルシーズンを棒に振った。

しかし、私には疑問がある。どうして選手は身体をつくれず、コンディションを崩し、プレイできる状態になかったのだろうか？

真剣な話、数カ月間、座ってのんびりロックアウトが終わるのを待つのではなく、他にやるべきことはなんだったのだ？　身体が資本の場合、仕事に必要なことが1つある。がんばって最高のコンディションを保つこと。それだけだ。自分の肉体とスキルを守り、身体をつくり、その状態を保つ。1年を通して取り組むことであって、これは遊びではない。選手は世界最高でなければならないし、わずか数百人しか就けない仕事をするアスリートのうちのひとりなのだ。それなのに、シーズンがいつ始まるかわからないからワークアウトできない？　いつシーズンが始まるかなんて誰が気にするんだ？　さっさとジムに来い！

だが、NBAのシーズン開始が遅れること、ひょっとすると完全に中止になるかもしれないことが明らかになると、大多数のプレイヤーが必要に応じてがんばることにして、ロックアウト中、トレーニング量を減らすかまったくしなかった。「トレーナーを雇いたくなかった」「そのレベルの準備をするのに必要な時間と労力を無駄にしたくなかった」という話を私は何度も耳にした。すばらしい。ジムに通う一般人と同じ努力しかしない、地球上で最も偉大なアスリートたちがいるとわかった。ひょっとすると、一般人以下かもしれない。「シーズンがいつ始まるのかわかっていたら……」。やめろ。それで何が変わったというのだ？　シーズン開始が差し迫ってから「実際に」どうするか計画するのではなく、準備をしておくべきだった。ぎりぎりになって、NBAでフルシーズンを戦える強度の準備などできない。休息と回復の時間も満足にとれないほどスケジュールが短縮されていれば、なおさらだ。ああ、スケジュールが短縮されるなんて知らなかったって？　だからどうした？　それでも準備しておかなければならなかったのだ。

楽な方法を選ばず、シーズンのための準備をしていたのがコービーだ。コービーのケガの経歴と長年の業績を考慮すると、夏に休暇をとり、休息し、リーグが問題を解決するのを待つのは簡単だっただろう。でもコービーはそうしないで、時間をかけてワークアウトに励み、トレーニングを積み、さらに向上すべく準備をした。そのため、大半の選手が軽いワークアウトをしながらくつろいで、数カ月後の過酷な事態に何の備えもしていないのを横目に、コービーと私は夏と秋のあいだ毎日のように、たいてい1日2回、ときにはもっと、何時間かをジムで過ごした。

ようやくクリスマス当日にシーズンが開幕し、他の選手たちがいまだに足の状態やシュートの感覚を調整しようとしているとき、コービーは心身ともに準備万端だった。その後の数カ月、コービーは(a)膝の痛み、(b)手首の靭帯損傷、(c)鼻骨骨折、(d)脳震盪といった負傷に遭いながらもプレイし、4月のシャーロット・ホーネッツ戦で脛を蹴られるまで1試合も欠場しなかった。そのケガのため、コービーは7試合欠場することになり、この不本意な欠場を強いられたことで、結局、得点王を逃すことになった。このケガをするまで、コービーは欠場を要請しなかったし、簡単な方法もとらなかった。他でもないコービーにしか、自分が耐えられる苦痛はわからなかったが、それまでにこなしたハードワークによって準備された身体のおかげで、大半のアスリートであれば休まざるをえないときでも、コービーはプレイを続けられた。

何をするにしても、努力するのに才能は要らない。ただ「そうしたい」と思えばいい。体格、パワー、純粋な運動能力など、信じられないような身体的才能に恵まれたアスリートの話はいくらでもある。彼らがスポーツをするようになったのは、ただ単に才能に導かれたからだ。そのスポーツを愛してるというほどではなかったり、好きですらなかったりしても、あまりにも身体能力に恵まれていたため、彼らはプレイするようになったのだ。そのため、結果を求めていないので、「もっとやりたい」というモチベーションがない。もし最後に優勝パレードがあればうれしいが、なかったとしてもその結果に満足してしまう。

そういう選手に「年棒は同じで、このチームに行くとベンチに座ることになるが、こっちのチームに行けば、毎日試合に出られる。ただし、まず18キロ落として身体を鍛えないといけない」と伝えると、毎回こう返ってくる。「年棒は同じなんだろ？　冗談だろ、身体なんて鍛えたくないぜ」

所属チームにすばらしくフィットしていたある選手がいた。チームからも愛されていたため、契約期間が満了を迎えると、チームは年俸４２００万ドルを提示した。実際の彼の価値より３２００万ドルは多かっただろう。すると、他のチームが４８００万ドルのオファーを出してきた。私は、「頼むから残ってくれ」と伝えた。「そのチームに行ってもフィットしない、きみの活かし方をわかっていない、オファーはまちがいだ」と。当然ながら、彼は金を選び、移籍した。その差額の600万ドルのせいで、少なくとも2000万ドルは失っただろう。なぜなら移籍はよい結果にならず、彼は自ら、そうできたはずの長くてすばらしいキャリアを捨ててしまったからだ。

いいチームのベンチでキャリアを費やせば、引退するまでにかなりのボーナスとチャンピオンリングが得られるかもしれない。申し分ない。「申し分ない」を達成することを目指すのであれば。座ったままお金を稼げる。しかし、お金があっても賢くはならないし、優秀なビジネスマンにもなれないし、まちがいなく見た目もよくはならない。お金があると、たいてい柔和になり、満足そうで、未来に対してまちがった自信をもってしまう。だが長いあいだ、そのことには気がつかないかもしれない。というのも、周りの人間にお金のにおいを嗅ぎとられた途端、あなたには想像もしていなかったほどの力が与えられるからだ。

お金がなくなるまで、パーティが終わるまで、みんなが次の金づるに移るまで、誰からもメールの返事すらもらえなくなるまで、あなたは気がつかないだろう。

すべてがお金のためで、求めている結果がお金だったら、最後にはどうなるのだろうか？　というのも、認めようが認めまいが、終わりはあるからだ。他の誰かがもっと稼ぎ、もっとやり、さらにすごくなる。あなたがふんぞり返って「おれを見ろ、おれは金持ちだ」と言うだけで、何もしていなかったからだ。

誰でも何かを始められるが、終わらせられる人はほとんどいない。優先順位というものは、常に守っていないと変わってしまう。隣のやつよりたくさんものをもつという競争以外に、競争に後れをとらないよう気をつけなくなると、自分のキャリアや偉業を築きあげようと熱中するかわりに、大きな家や大きなガレージを建てることやパーティの名簿に名前が載ることに執着しはじめる。ほどなくして、才能をすり減らして失業し謙虚になった無名の人間が載る長いリストに名前を連ねることになるだろう。

真剣に取り組むというのは、ある意味では、仕事のためにあきらめなければならないことを知ることでもある。何であれ自分のやるべきことからあなたを引き離すものをコントロールする方法を学ぶことだ。小さな成功から始め、注目され、いい気分になり……おそらく、いくらか満足したり、自分は特別だと思いはじめたりするだろう。そうした特別意識は、コントロールの仕方がわかるまでは毒になる。本当だ。

どこへ行こうと、何をしようと、邪魔は入ってしまうものだ。あなたは何をあきらめようとしているだろうか？　毎年、労働者の日（アメリカでは主に9月の第1月曜日）まで、ジョーダンはバスケットボール以外のあらゆるものを遮断し、ただトレーニングをした。1日にワークアウトを3回。内訳は、ワークアウト、ゴルフ休憩、ワークアウト、昼食、ゴルフ休憩、ワークアウト、夕食、就寝。毎日こうだ。コマーシャルの撮影もなければ、プロモーションツアーやイベント出演もない。トレーニングに励むだけ。というのも、外部の結果はすべて内部の努力の結果であり、その逆ではないことを、ジョーダンは誰よりよく知っていたからだ。シューズの契約や広告ではバスケットボールの神様にはなれない。誰にも止められない存在であることでそうなるのだ。そして、誰にも止められない存在になるには、ハードワークするしかない。

　仕事を大事にするんだ。あなたのキャリアが終わり、体重180キロでベッドに寝転がって1日じゅうポテトチップスを食べたくなっても、私にはどうでもいい。だがいまのところ、身体が資本だ。身体があってこそ、仕事ができるし、契約もとれるし、請求書の支払いもできる。

　私は毎日、準備万端で仕事にのぞむ。同じことを相手にも求める。なので、あなたが出かけるつもりなのか、翌日あなたになんの価値もなくなってしまうのか、前日の夜に教えてもらいたい。そうすれば、私のほうでどう調整すればいいかわかる。トレーニングの計画に何か問題があるのか、あなたが飲みすぎたせいで頭が働いていないのか、私には知る必要がある。この日は少し軽めにしたほうがいい、その分、あっちとこっちで埋め合わせしよう、というように、コミュニケーションをとればとるほど、よい結果をもたらすことができる。だが、真実だけを、簡潔に伝えてほしい。「今日は最悪の気分だ」と言ってくれ。わかった。それ以上、説明はいらない。知りたいことがあれば、質問する。もしあなたがすっかりだめになってしまっていると思ったら、そう伝える。さもなければ、自分のキャリアを大切にしていることを示してくれ。私も同じように大切にしよう。

プロフェッショナルであれ。父親を亡くし、悲しみに打ちひしがれているジョーダンを、私が心から尊敬したのはそこだった。ジョーダンは戻ってきて、やるべきことを、前より高いレベルでやった。ウェイドも、醜い離婚のいざこざと、もっと醜い子どもの養育権争いの最中にあっても、プロフェッショナルらしく毎日やってきた。クリーナーの法則。つらい思いをしているときでも、隠れたりしない。きっちり準備して仕事にのぞみ、逆境や批評家、批判する人たちと対峙し、ゾーンに入り、みんなが失敗すると思っているときに、最高のパフォーマンスを発揮する。それこそがプロフェッショナルだ。

自分の身体と技術をかえりみないのは、プロフェッショナルではない。毎年、何人かの若い選手に対して苛立つGMやエージェントと話をする。そうした選手は前述したことを理解していないので、未来を台なしにしているのだ。リーグで成功するために、技術を磨き、コンディションを改善することに時間と労力をかけず、「夏じゅうトレーニングするなんてあまりに金がかかるし疲れてしまう、シーズンオフにはのんびりしたい」と言ってまわる。15万ドルの車に乗り、重さ4・5キロのダイヤモンドの時計をつけ、首には大蛇のようなゴールドのチェーンを身につけていながら、1000万ドルを稼ぎつづけるために1万ドルも払えないのだろうか？　残念ながら、本気で勝者であろうとしているのなら、シーズンオフなどない。でも、まあ、チームをクビになれば、いつまでもシーズンオフを楽しむことができるが。

やるべきことをやれ。優れていなければならない、というプレッシャーに勝る特権などないし、あなたの業績に畏敬の念を抱くことしかできない相手から尊敬と畏怖のまなざしを浴びる以上の報酬などない。

1 あなたがクリーナーなら……

好かれるより畏《おそ》れられるほうがいい。

クーラーは自分の意見を言わない。
クローザーは、相手がいないときだけ、思っていることを言う。
クリーナーは、自分の意見が相手にどう受け取られるかにかかわらず、面と向かって言う。

私は、ライバル選手同士が影響し合うことに、特にコートの上で嫉妬心と競争心がむき出しになっているときに、いつも興味をそそられる。オールスターゲームやオリンピックで、ある選手がゲームプランやコーチを公然と無視して、他の選手にボールを渡さないようにし、その選手が凍りついている場面がある。何十万時間とバスケットボールを観てきたので、これは私の思いこみではない。

ここで話題にしているのはクリーナーではない。クリーナーは、相手がボールをもらえず立ちつくしているときではなく、絶好調のときに叩きのめしたいと思うものだ。「締め出し」というのは若い選手がやるのをよく目にする、ある種のつまらないたわごとだ。若い選手がいくらか自信をもちはじめて、自分たちが支配していることをボスに示すと決めたときにおこなう。ある意味では、おもしろいことだ。というのも、正直なところ、注目を浴びて目立とうとするなら、競争があるとは言いがたいオールスターゲームやオリンピックでそれをするのは愚かに思えるからだ。それが感嘆の声をあげさせるのに最良の方法だとしても、やるべきことをやるほうがいい。

だが、もし真のクリーナーを締め出すつもりなら、気の毒なことだ。そうされていることに気がついたら、クリーナーは決して忘れないだろう。なぜなら、トップのなかのトップの選手なら、いつも誰かが追いつこうとしてくるので、挑戦されるのを喜んで待ち構えているからだ。

クーラーは好かれる。
クローザーは尊敬される。
クリーナーは畏れられるが、そのあと、誰もが怖がることをやってのけるので、尊敬される。

クリーナーは水面下を静かに動く。さざ波ひとつ立てないので、クリーナーが何をしている

のかはわからない。クリーナーの姿は見えないし、物音ひとつしない。誰なのかさえわからない。だが、相手に見つかってもいいとなると、クリーナーは警報なしで押しよせる津波のように襲いかかる。相手は完全に呑みこまれるまで何がやってきたのかわからない。そのときにはもう遅い。クリーナーに押し流されるしかない。

クリーナーは誰かに好かれようとしない。そんなことはどうでもいいのだ。だが、クリーナーは相手から畏れられるためには、できるだけのことをする——そして、成功する。

何が起こるのかわからないとき、あなたはどんな感じがするだろう？　そわそわして、取り乱し、肩越しに振り返り、怪しんだり心配したりするだろう。誰かの頭に入りこみたいと思ったら、私はその人がこっちを見ているときに、別の人の耳元でささやくことにしている。すると、ただ試合後にどこで夕食をとるかをささやいているだけなのに、相手はこっちが何を話しているのか気になって、自分のやるべきことに集中できなくなる。こうして相手をゾーンから叩き出すのだ。

心配している人間と、黙ったまま他のみんなを心配させている人間、どっちになりたい？

コービーが史上最高の選手のひとりである理由がこれだ。コービーは自分が何を考えていて、何をするつもりなのかを言わない。ただ実行に移す。コービーの次の動きで相手は恐れをなし、それを実践するコービーの能力を畏怖する。

オールスターゲームでウェイドに鼻を折られ、脳震盪を起こしたとき、コービーは病院に行く前にウェイドと会いたがった。復讐とか報復とか仕返しをしたかったわけではない。ジャングルの掟と秩序の問題だ。2匹の動物が本能的に対峙し、ライオンの王が岩の上に立つ。すると、ジャングルにいるものたちは、誰が支配しているのかがわかる。静かでまっすぐな目つきがこう言っている――「これはまだおれのものだ、くそったれ」

畏怖と尊敬を抱かせ、存在感を知らしめるのは、言葉や感情ではなく行動だ。注目を集めるのに声を荒げる必要はない。ゴッドファザーのことを考えればわかる。世界レベルのクリーナーは室内でいちばん物静かな男だ。周りにいる人間は、彼の一挙一動と発言を固唾を呑んで見守っている。メッセージを伝えるのに、ひと言も話す必要はない。

あるいは、これと同じまなざしで子どもを見つめる親がいる。説教もなければ会話もない。一瞥し、ひと言かふた言だけ発し、あとは何も言わない。完全に支配している。これこそ畏怖と尊敬を実践している。

部屋でいちばんうるさいのは、いちばん証明したいことがあるのにその方法がない人間だ。クリーナーは自分の存在を声高に叫ぶ必要がない。常に落ちつき自信に満ちた立ち振る舞いによって、みんながその存在に気がつくからだ。クリーナーは自分の偉大さをべらべらしゃべったりしない。結果にだけ意識を向ける物静かな男だ。それは結果がすべてだからだ。泥棒は、「おれは盗むぞ！」と叫びながら、人でごった返した店に入らない。ひっそりとやってきて、誰にも気づかれることなく、さりげなく自分の計画を実践する。そして、腕時計が盗まれていることに気づいたときには、泥棒はとっくにいなくなっている。

何をやろうとしているか、それをしたらどれくらいすごくなるかを吹聴しはじめたら、それはまだ自分を鼓舞しようとしている確かな証拠になる。もうわかっているとしたら、それについて語る必要はない。発言というものは値が上がることがない。口に出すだけならいつでも無料だ。そして往々にして、人は支払った分しか得られない。

オリンピックがこの古典的な例だ。1992年のバルセロナでのドリームチームの試合以来、私は何度かアメリカのバスケットボールチームの選手に同行してオリンピックに参加した。どの競技でも、早々に名声と宣伝について考えているアスリートと、まず勝たなければならないことをわかっている選手では違いがある。試合会場に着いてもいないのに、メディアとオリンピックのスポンサーによってちやほやされ、選手は大げさな宣伝にどっぷり浸っている。母親、父親、コーチ、トレーナー、栄養士など、誰もが何かしら注目を浴びようとする。

そして、黙っていられないアスリートが少なくとも必ずひとりはいる。そういう選手は、打ち負かすつもりの相手のこと、どうやって倒すか、これまでにどんなトレーニングを積んできたかなどを語り……ぐしゃっと叩きつぶされる。自分の発言に実力が見合っていないのだ。意識がカメラにいってしまい、自分のパフォーマンスに向いていていない。

ほとんどの人が、すべてのメダルをとったことでマイケル・フェルプスを尊敬しているだろう。私がフェルプスを尊敬するのは、メダルという結果で語った能力のほうだ。他の水泳選手が、フェルプスを表彰台から引きずり下ろして金メダルをすべて奪いとると宣言しているのをよそに、彼はひと言も返さず、何を考えているのかを表現しなかった。スタートに出遅れ、フェルプスが「負ける」かも、とみんなが思いはじめても、彼はさらに深く自分のなかに立ち返り、その場にいる理由を思い出して、残りの種目を総なめにした。

これこそ、ひと言も発さずに相手を威嚇する方法だ。

私が見てきたなかでも、ジョーダンほど相手を威嚇する術をもっていた人はいない。いまではもうできないが、以前あるプレイオフの期間中、ジョーダンは相手チームにいる友だちにあいさつするふりをして、敵のロッカールームに入っていった。ジョーダンのことをよく知っている人なら、実にばかげたことだとわかっただろう。ジョーダンは誰かにあいさつすることなど、特に試合前は気にしてなかったのだから。だがそのことを、準備をしている相手チームの選手たちは知らなかった。相手チーム全員が、チャンピオンのシカゴ・ブルズと対戦することを考えながら、その場に座っていただろう。すると、マイケル・ジョーダンが入ってくる。その場にいた選手のキャリアにかかわらず、ジョーダンが入ってきたらみんな気がついただろう。ジョーダンがドアを開けると、ロッカールームが水を打ったように静まり返る。時間が止まったかのようだ。そこにあるすべての目がジョーダンのあとを追いかけ、じっと見つめ、不思議に思い、ジョーダンの言動を見守る。1分しかいなくても、誰であれ知り合い（あるいは、知り合いのふりをしていた人）と簡単な握手を交わし、会釈しながらそこを回るには十分だった。

そして、やってきたときと同じように、すぐにその場をあとにした。

私たちはジョーダンのことを、「黒猫」と呼んだ。そこにいたと思ったのに、気がついたときにはいなくなっていたからだ。

ジョーダンはそのことについてもう考えなかった。だが、ロッカールームに座って呆然としていた相手チームの選手たちは、他のことは考えられなくなった。任務完了というわけだ。ジョーダンは相手のなかに入りこんで、試合中ずっと彼らの意識に居座った。いまではもう相手はやるべきことについて考えられず、ジョーダンのことを考えている。無心になり、集中し落ちついてプレイできるゾーンにたどり着くかわりに、気持ちはジョーダンのことでヒートアップしている。ジョーダンが訪れたことで、相手チームの全員が、偉大なマイケル・ジョーダンがその夜何点とるのか、前日の夜は何点とったか、ジョーダンの着ていたスーツ、乗っている車について話し合うようになっていた。彼らはもはや敵ではなく、ジョーダンに畏敬の念を抱く単なるファンの集団にすぎなかった。

ブルズと対戦する前の夜に20得点していた選手が、シカゴに乗りこんできたら2得点になった。それから、次の試合で別の相手と対戦するとまた20点とった。こういうことが起こるのは、厳密にはブルズのディフェンスのせいではない。1試合でその選手の技術が下がるわけもない。では、何が変わったのか？　その選手の心がまえだけだ。彼はジョーダンと対戦していることを考えていたのだ。

ジョーダンが行くところには、まぎれもない畏敬の念がついてまわった。誰もがそれを感じた。毎試合、ジョーダンは忘れられないようなことをした。それがどんなことかは誰にもわからなかった。ジョーダン自身にさえ、いつもわからなかった。それでも、ジョーダンは期待している人たちを驚かせた。ジョーダンはいつも相手チームと観客をうならせる瞬間を演出し、ときには試合全体を感嘆の渦に巻きこんだ。キャリアの終盤では、毎晩ダンクをしようとはしなかったが、それでも健在ぶりを知らしめるために、ときどきはやった。そうする必要があったからではなく、リーグの他の選手たちに「次はおまえの番だ」と思い出させたかったからだ。ワシントン・ウィザーズに行き、みんなが「ジョーダンは終わった」と言うようになってからでさえ、ジョーダンは観ている人の心に刺さる方法を探した。「やらないからといって、できないわけじゃない」

クリーナーは常に、次の犠牲者に考えこませるために、畏敬の要素の一端をあとに残していく。そのため、誰もがクリーナーがやってきたとわかる。それこそがまさにクリーナーの強みだ。これはタイガー・ウッズの大きな武器でもあった。ウッズは、グリーンにいる選手たちが振り返って彼のしていることを確認し、行動に移るのを待っているのを知っていた。どのトーナメントも、どのラウンドも、どのホールも、すべてがウッズ次第だった。対戦相手を含めて、みんなが知りたがったことは「ウッズが何をやった？」だけだった。しかし、スキャンダルにあい、ケガに見舞われ、力を落としてしまい、対戦相手はウッズを気にするのをやめた。ウッズを誰にも止められない存在にしていた畏敬の念を、もはや集めることができなかった。他の選手の技術が急激に向上することはなかったが、集中力は別だったのだ。

アスリートは肉体面で優れるために時間を費やすあまり、フィジカルによる達成だけで尊敬を受けているわけではないということをときどき忘れてしまう。頭脳の面でもメンタルの面でも、同じようなパフォーマンスができなければならない。生活におけるあらゆる面でのふるまい方、知性や品格や自制心を表す能力などによって、他の連中と一線を画する。

私の仕事では、メンタルの強みがすべてだ。選手と言い争いになったとして、私がフィジカルで相手を打ち負かせる見込みはない。私の身長は180センチ程度だし、年齢も2倍ぐらいだ。だが、相手にとってはかなり分が悪い結果になる。というのも、私はメンタル面で対処するからだ。私は選手と同じようにはワークアウトしないし、その必要もない。選手からも同じレベルのフィジカルを求められない。私に求められるのは、彼らのメンタルのレベルを引き上げることだ。若いトレーナーからよく連絡がくる。彼らは私に、選手としての実績と何年ワークアウトを続けているかを話す。すばらしい。身体面はいいだろう。おめでとう。でも、きみがトレーニングしたがっているアスリートたちも同じか、おそらくもっと優れている。きみはメンタル面でも同じレベルになれるように移行できるだろうか？　あらゆることを知るために、自分の腕を磨いているだろうか？　それとも、ジムのなかで尊敬を集められそうだと自分の上腕二頭筋を示して満足しているのか？　どんなに努力しても、そこからうまく移行できる人はほとんどいない。才能があれば十分だと思っている。でも、そうではない。

このことをジョーダンは誰よりも理解していた。ジョーダンは、みんなが自分のプレイを観にきたとき、期待しているのは単なるバスケの試合ではなく、パフォーマンスだということをわかっていた。ブルズがチャンピオンだった時代、いまはなきシカゴ・スタジアムか新しい本拠地のユナイテッド・センターに足を踏み入れると、イベントにやってきたのだとわかる。着飾った人たちが、豪華で値の張るディナーのあとリムジンでやってくる。早めのディナーなのは、その日のショーを1分たりとも見逃したくないからだ。ウォームアップの段階から席はすべて埋まっている。そして、ジョーダンがボールに触るたびに、2000台のカメラのフラッシュがまたたく。シカゴのスポーツ史において最もチケットをとるのが困難で、毎晩アカデミー賞の授賞式のようだ。スポーツにもブルズにもバスケットボールにも、まったく興味のない人が何千ドルも払ってブルズの試合に来た。理由は1つ。マイケル・ジョーダンを見た、と言うためだ。

現在、どんな場所のどんなスポーツでも、同じことが言えるアスリートが何人いるだろうか？コートの上で他の人がうらやむような尊敬を集めるパフォーマンスを必ず見せるいっぽう、ジョーダンの本当のパフォーマンスはその日のもっと前から始まっていて、自宅に帰り着くまで終わらなかった。ジョーダンは試合のチケットが手配されていることを確認していて、誰がどこに座っているのかわかっていた。スポンサーに何を求められ、試合の前後に誰と会うことになっているかも承知していた。その日につけるネクタイから時計のベルトが靴と合っているかまで、ジョーダンはあらゆることに気を配った。ジョーダンは腕時計《ウォッチ》を身につけず、「時計《タイムピース》」をつけた。ただの車《カー》には乗らず、「自動車《オートモービル》」に乗った。それから、洗車されていない自動車を運転しなかった。たとえ雨のときでさえ、染みひとつない状態でなければならなかった。どうしてこだわっていたのだろう？　ジョーダンにはわかっていたからだ。スタジアムの周りにはチケットを買う余裕のない人たちが自分を見ようと集まっていて、彼らには駐車場の外に立って、その姿をひと目見る機会しかないことが。ほとんどのファンにとって、それ以上ジョーダンに近づけるチャンスはなかった。ジョーダンだけがユナイテッド・センター内に直接、車を停めるのを許可されていたが、めったにそうしなかった。ジョーダンはいつもファンによく見える場所に車を停めてから姿を現した。そのため、集まったファン全員がジョーダンの姿を拝めた。試合に勝っても負けても、ジョーダンは試合後もずっとそうした冷静さと落ち着きを保った。自宅かホテルの部屋に帰り、誰にも見られなくなって、ようやく緊張を解いてくつろいだ。そのときがショーの終わりだった。

いま私は選手に、数試合に一度は車から降りて、ファンが写真を撮れるようにし、何枚かサインをしてから車に戻るように伝えている。30秒もかからないことで、20人のファンが200人になり、2000人になる。ほどなくして、みんながそのときの話をするようになり、たくさんの人の生活に影響を与えることになる。

それこそが尊敬を集める方法だ。あらゆる点で優れていること。そのようにして、あなたはただの高収入のアスリートではなく、一流の人物になる。

1年間いっしょに仕事をしたある選手がファイナルまで進出した。アリーナに向かうために、私はチームが滞在するホテルのロビーで待っていた。私はバスに乗りこむ選手たちを見ていたのだが、信じられなかった。どの選手も負けず劣らずだらしない格好をしていたのだ。これでは、NBAファイナルに向かうのか、酒店を襲撃しに行くのかわからない。もしこのチームにジョーダンがいたら、全員バスから引きずり下ろして、「スーツとネクタイを着用するまで戻ってくるな」と言っただろう。「3000ドルのスーツを着なくてもいい。ウォルマートに行き、3着で100ドルのスーツを買ってきて、学校を追い出されたガキではなく、一人前の男らしくなって戻ってくるんだ」と。

すると、私の選手がエレベーターで下りてくる。彼は他の誰よりもひどかった。これが、手本《ロールモデル》となるチームのスターの姿なのか。これから洗車でもしようか、という格好だ。私は彼をメディアから遠ざけ、隅のほうへ連れていって叱責した。「これはNBAファイナルなんだ。このためにがんばってきて、おまえは、ファンもスポンサーもメディアも、誰もが注目する最大の舞台にいる。自分の存在を示す絶好の機会だ。ここでの一挙手一投足がおまえの不名誉につながる。それなのに、いったい何を考えてるんだ?」

すると、彼は言う。「誰もスーツなんて着ようとしない。チームに馴染まないとだめなのに、スーツなんて着たら目立っちゃうだろ」

すでにおわかりかと思うが、これはクリーナーの言うことではない。馴染まないといけない？　ほんとうか？　重要なのは目立つことにある。特別になるために、スーパースターになるために、ハードルを上げるために、これまで努力してきた。それなのに、他のみんなと馴染みたい、だと？　トップの人間は、他の人のレベルに合わせるのではなく、みんながどうふるまうべきかを示すんだ。尊敬を集め、周りを自分の基準まで引き上げるのであって、その逆ではない。

あなたがここにいるのは、友だちをつくるためではない。あなたがいちばんだからだ。そのことを表すのを恐れるな。そうすることで、周りとの距離ができてしまうとしても、それはいいことだ。やるべきことをしているということなのだから。

事実、コービーはいつも周りから自分を切り離していた。試合前のシュート練習もひとりでおこない、他の選手と同じリングを使わなかった。他の選手も距離を置いていた。それがコービーのゾーンだとみんなわかっていた。みんなの練習に加わることもあったが、それはコービーが選んだことだ。他の選手がコービーの空間を侵すことはなかった。尊敬とはそういうものだ。

２０１２年に脛のケガをして何試合か欠場したとき、コービーは、ケガをした選手のほとんどがするようにスウェットや練習着姿でベンチに座るのではなく、すばらしいスーツを着て、クリップボードをもっていた。よく知らない人が見たら、チャック・デイリー（1992年のバルセロナオリンピックでドリームチームを率いて金メダルを獲得し、「NBA10人の名将」にも選ばれているコーチ）以来、NBA史上最もエレガントなヘッドコーチがいると思っただろう。これこそが周りからひときわ目立ち、模範となる方法だ。こうなると、ただの負傷したアスリートではなく、ひとりのプロフェッショナルになる。

人を遠ざけろ、と言っているわけではない。しかし、そうしたとしても驚くようなことではない。クーラーは感じがいい。競争心の不足を好かれることで補うのだ。クリーナーにはそんなことをする必要がない。クリーナーは同僚や仲間から離れ、さらにレベルを上げることで周りから一線を画する。1つのことに、自分の仕事に深く集中していたら、他人にかまっている余裕などない。誰かを心から気にしていても、「どうしているか」と電話1本かけることはない。そうするとしたら、何か聞きたいことがあるからだ。おしゃべりやランチなど、ひたむきに取り組んでいるのを妨げることをしている暇などない。気にするのは、好かれるかどうかではなく、望むものを手に入れることだ。友だちをつくったり友だち付き合いをしたりするのにいい方法ではないが、真のリレントレスになるにはそうするしかない。

コービーはめったにチームメイトと出かけなかった。それよりも、ワークアウトしたり試合の映像を観たりした。そして、友情より敬意をはるかに重視した。ジョーダンもバードもそうだ。彼らはチームメイトではなく、信頼できる仲間のいる小さな集団を頼りにした。楽しませたり感動させたりする必要のない相手だ。そうした仲間たちは集団内での各々の役割を理解し、成功のビジョンを共有していた。

誰かを踏みつけずにトップにたどり着くことなどできない。しかし、クリーナーが足跡を残さずにどう進むかを心得ているのは、踏みつけた人がいつ必要になるかわからないからだ。畏れられるというのは、ばかでいることではない。いい気分になるために誰かと連絡を絶つような、自信のないまぬけだということをさらすのではなく、尊敬されるようにふるまってほしい。こういう人を知っているだろう。肥大したエゴを抱え、ふんぞり返ってやってきて、うぬぼれたたわごとを抜かし、負け犬の澱んだ空気だけ残していなくなるやつだ。そういうのはクリーナーではない。偽物だ。少しの人をしばらくだますことはできるかもしれないが、結果と照らし合わせたとき、すべてははっきりする。

クリーナーは、どうやって他の人より抜きんでたのかを得意げに吹聴したりしない。クリーナーは結果で語る。チームではどうにもできなくなって、シーズン途中に選手から私に電話がかかってきたとき、チームは喜んでいるだろうか？　喜んでいない。私は気にするだろうか。気にしない。最終的な結果が物語るからだ。その選手の指にあるチャンピオンリングが見えるだろうか？

私は自分の仕事のすばらしさによって認められたい。それだけだ。誰かから、「あいつはくそったれだ」とこき下ろされても――実際にそうされているが――、私がそういう人の理解のおよばない境地にいるというだけだ。畏怖とはそういうものだ。罵倒しないと戦えない相手なら、すでに私が勝っている。相手は他にどうやって戦えばいいのかわからないからだ。そういう人は怯えているのが、あなたにもわかるだろう。そうした相手と戦うときは、いつもそのことを利用できる。怯えていないのは自分と同じレベルの相手だけだ。いいだろう。お手並み拝見といこうか。

私にとって、誰かに「好き」と言われることになんの意味もない。好きというのは、ふつうのことだ。衝撃も興奮もなければ、記憶にも残らない。ただの「いい人」のようなものだ。及第点にすぎない。敬意や称賛や信頼や、同じ波長をもち同じ目的を共有する本能的なつながりや理解とは、何百マイルも隔たりがある。

私にとっての最高の褒め言葉は「あいつはくそったれだが、仕事に関しては最高だ」である。ありがとう。クリーナーにとって、これ以上の褒め言葉はない。では、あなたも自分の仕事でいちばんになったほうがいい。さもないと、ただのくそったれだからだ。それを証明するんだ。それとも、口先だけか？

クリーナーの法則。情け容赦ないコンペティターとして尊敬されている人が、周囲からは「人でなし」と言われていることが多い。しかも、人でなしなところがあるのではなく、まさに人でなし、だと。私が誰かに、「いままで会ったなかできみほどの人でなしはいない」と言うと、その人はすぐに別の誰かを指さして、「あいつのほうがひどいだろ」と言う。いや、そんなことはない。あなたはわかっていない。これは褒め言葉だ。正しいことをやっているサインとして受けとるんだ。なぜなら、勝つことに深く集中していると、友情や同情や誠実さなんて気にかけないし、他人にどう思われるかも気にならないからだ。あなたは周りからどう言われているか知っていて、そのことで余計にがんばれる。嫌われたままにしておけ。そんなのは、彼らの弱さと感情を表しているだけで、あなたをもっと強くする。友だちなどいらない。友だちがあなたを必要としているんだ。あなたは誰が信頼できるのか知っている……そして、その人たちはあなたを失望させてはいけない。

1 あなたがクリーナーなら……

ほとんどの人を信頼しない。だが、信頼された人たちは絶対にクリーナーを失望させないほうがいい。

クーラーは真実に対処できないので、真実を恐れる。

クローザーは真実を求めるが、それが自分に有利なものでないと取り乱す。

クリーナーは嘘を見抜き、真実がどんなものであれ対処できると確信し、真実が自然に明らかになるのを待つ。


数年前、私はあるスターと仕事をしていたのだが、彼には伝説に残るような取り巻きがいた。取り巻きの一団から目を離してはいけない。基本的にこの連中は、以前スター選手の近所に住んでいたとか、身元のよくわからない負け犬の集団だ。スキルもなく、トレーニングも積んでいなければ、一般的に世間知らずだ。パーティにやってきて、いつまでも帰らない。セックスとただ酒を期待して残らず群がってくる。やがてこうした負け犬は、ただでパーティに参加する方法を見せつけるためだけに、別の負け犬を連れてくる。金なんて払ったためしがない。こいつらのポケットには10セントすらないからだ。

私の選手たちは、私の周りに取り巻きを連れてこないようにしている。私がそいつらのところに行って、こう言うのを知っているからだ――「私たちがこれからワークアウトしているあいだの6時間、どうしてきみたちはここでぶらぶらしているのか、教えてくれ。本を読むでも、車を洗うでも、クリーニングを取ってくるでもいいから、ここから出ていけ。きみらはなんの役にも立たない」。厳密には、この言葉はまちがっているだろう。やつらには2つの役割があるからだ。スーパースターを褒めそやすことと、PHDとしてふるまうことだ。PHD（Professional Holders of Dicks）とは「プロの太鼓持ち」といったところだ。いつかPHDのTシャツをつくり、彼らの功績を祝って配りたいものだ。連中はただならなんでも着るだろうから。

やがて、スーパースターがケガをし、手術を受けなくてはならなくなり、何カ月かリハビリに費やすようになって、ようやく取り巻き連中は、パーティ代を払ってくれる新しい金づるを探しに、ずるずると夜の闇に消えていく。

これが彼に起こったことだ。ろくでなしの取り巻きに囲まれていたと思ったら、次の日には、私のところにきて氷水に浸かっていた。仲間もいなければ、かしずく人も、褒めたたえる人もいない。支配したりみんなに言うことを聞かせたりするのに慣れきった人には、その手の支配をやめるのは簡単ではない。彼は以前チームのトレーナーに、自分がやることとやらないことを伝えていた。いまでは、そうした決断を、私を信頼してまかせるようになっていた。

チームの職員が相手なら、有名な選手は嫌なことをうまくやりすごせる。というのも選手は、反抗している相手が仕事を失いたくない職員で、彼らには選手に対する強制力がないことを知っているからだ。この手の話を私はいつもチームのトレーナーから聞かされている――「あなたのようにやろうとしたのに、選手がやらないんです」。違う。きみがやらせることができなかったのだ。選手が私を相手にそうしたことをやろうとしたら、長くは組まないだろう。自分で自分の評判を落とすのは勝手だが、私には関係ない。

私と選手との関係は信頼で成り立っていなければならない。さもないと、何も達成できない。リハビリをする際には、ケガの症状に応じて厳密な決まりごとがあり、それによってうまくいく。私のもとにくるなら、私を完全に信頼して決まりを守らなければ、お互い時間の無駄になる。私が「だいじょうぶ」と判断するまでプレイしてはいけない、という決まりがある。私は経験からその判断を下す。選手のエゴや「復帰できるか不安だから」という理由では決めない。

ところが件《くだん》の選手は、みんなからいつもそう言われてきたため、自分のほうがよくわかっている、と思いこんでいた。リハビリを1週間すると、彼は足を引きずってコートに行き、もうプレイできると言い放った――「自分の身体のことはわかってる。問題ない。プレイできる」

「ああ、そうか？」と私は言った。「いいか。このリハビリを成功させたいなら、あと3週間バスケのコートには入るな。準備が整うまでは、ウェイト・トレーニング、水中でのランニング、その他、課せられたものをすべてやるように。そのあとで、少しずつコートに復帰する。リハビリを始めるとき、計画は伝えた。そこから外れるつもりはない」

「おい、おれをプレイさせないでおくのは無理だぜ」

「本当にそう思ってるのか？」

「ああ。それくらい本気なんだ」

しばらくのあいだ、私たちはにらみ合っていた。言っておくと、選手によっては私より30センチも背が高い。コートの端まで私を放り投げられるだろう。だがもしそうするなら、確実に私を仕留めておいたほうがいい。立ち上がった私が、まるで理解のおよばない方法で対処するからだ。

「わかった」と私は言った。「今日で終わりだ。私には治せない。私のところにくる人には3つのことを要求する。ここに来て、真剣に取り組み、私の言うとおりにすることだ。この3つが守れないなら、助けることはできない。おまえは、私にはできないことに金を支払って、金をドブに捨てようとしている」。私はボールを手にしてひとり立ちつくす彼を残してその場を離れた。

私にはよくわかっている。あらゆるメディアが彼の動向を知りたがっていて、チームはその被害対策をおこなう態勢に入っている。エージェントは気が気じゃない。家族は正気を失っている。スポンサーは今月末には世界じゅうを回ってもらいたがっていて、5軒の家と7台の車の支払いもある。これからもうまい汁が吸えるのか、みんなが知りたがっている。ものすごいプレッシャーだろう。

それでも私は、彼が真実と向きあえるようにする。

その日はもう、私は彼と会わなかった。その夜、電話がかかってきた――「わかった。そのとおりやろう」。そこからは1日たりとも、彼は来ないことも、懸命に取り組まないことも、言うとおりにしないこともなかった。

頂点を極める人間は信用すべき相手を見分け、自分がすべてわかっているわけではないことに気づき、それを知っているふりをすると、どんな問題が起こるのかわかっている。

クリーナーの世界では、信頼されなければ死んだも同然だ。クリーナーはほとんどの人をあてにしない。だが、もしクリーナーに信頼されたとしたら、それは自分で勝ち取ったということだ。信頼されなかったら、気をつけたほうがいい。クリーナーは許さないし、忘れることもない。

しかし正直に言うと、いずれにしても気をつけたほうがいい。なぜなら、たとえクリーナーを信頼して仕事を終えても、次のとき、クリーナーがあなたを倒す必要があれば、あなたはやられてしまうからだ。

クリーナーが模範となる存在だと言ったおぼえはない。クリーナーはあらゆる方法を使って結果を得ると言ったのだ。そのせいで悪い人間に映ったとしても、クリーナーはそれを受け入れるし、気にしない。人に好かれる必要がないのだ。クリーナーが始めたことを完結させるためには、クリーナーを信頼しなければならない。

もしあなたがすでにクリーナーなら、心のなかでこう思うかもしれない。「信頼？　アドバイス？　私は誰も信頼しないし、どんなアドバイスも必要ない」

だが、ここは最後までお付き合いいただきたい。これは必要なことだ。そして、もしまだクリーナーでないとしても、やはり必要だ。すでに「直感に従って決断を下す」という話をしたが、そうするうえで大きな役割を占めるのが、誰が信頼できて、誰が信頼できないのかを見極めることだ。というのも、誰であれ成功の一部は、自分のたどり着きたいところに行くのを手助けしてくれる人材を見極め、適材適所に配置することにかかっているからだ。あなたが要求する最高のレベルで動ける人に囲まれていなければならない。それができなければ、誰にも止められない選手どころか、すごい選手にもなれない。おそらく、これがクリーナーにとって最も難しいことだろう。

もしあなたがクリーナーなら、「トップは孤独だ」と言われているとき、自分のことを指しているとわかるだろう。

自分の仕事を極めるために長期にわたって懸命に取り組み、他の誰よりもうまくやる方法のディテールやニュアンスを学び、自分を含めた周りのために新たな基準を定める方法を試行錯誤しているとき、さらに向上する方法をアドバイスしてくれそうな人は誰だろうか？　すでに知っていることより多くのことを教えてくれる人は誰だろうか？　あなたの成し遂げたこと、成し遂げたいことには、何人が理解を示すだろうか？

クリーナーにとって、誰かを信頼するのはコントロールをやめるのと同じことだ。そうすることで、クリーナーは身を切られるような苦痛を味わう。クリーナーに共通することだが、クリーナーはある時点で自分しか信頼できないことを学んだ。子どものころに学んだ教訓かもしれないし、もっと大きくなってから何かあったのかもしれないが、まさに本能的な直感力を信じざるをえなくなったのだ。そして、生き残って成功するためには、ハンドルから手を離してはならないと実感した。いったん誰かにハンドルを預けてしまったら、どこに行き、どうやって行くのかをゆだねることになる。クリーナーは、運転手を100パーセント信頼しないかぎり助手席には座らない。そして、1つだけ確かなことがある。世のなかにはろくでもない運転手がたくさんいる。

しかし、信頼するからといって、コントロールをあきらめ他の人に決定権を譲る必要はない。ジョーダンは「自分の責任をまっとうする」と主張した。ボディガードや運転手やスタイリストやチケット手配担当者がやるのを待たず、ジョーダンは自らおこなった。自分では何もできないスーパースターに会うと、私はいつも驚いてしまう。彼らは自分の責任をすべて誰かに譲り渡しておいて、「望んだ結果が得られない」と驚くのだ。

すばらしい人材で周りを固めるのも、そうした人たちに責任をもたせるのも、自分の責任だ。大成功をおさめた人の場合、こうしたことは特に難しい。誰もが仲間に入りたがるので、誰を近くに置くか、誰を置かないかを決める際は、慎重にならないといけない。

クリーナーは誰かに責任を譲り渡して「じゃあ、これをやって」と言ったりしない。それではリスクが高すぎる。まずはテストをする。15分かもしれないし15年かもしれないが、相手がどう反応するかを注視し、どう取り組み、どうふるまうかを観察して、動機や方法が基準に達しているかを見極める。さしあたっては不要かもしれないが、必要なときに誰を配置できるかを知りたいのだ。もしあなたが自分の力を証明できれば、クリーナーから電話がかかってくるだろう。できなければ死んだも同然だ。

クリーナーはそれぞれの人のことを、代わりのきかない、不可欠な質をもったツールのように見なす。ハンマーは壊すこともつくり出すこともできる。まちがった人にナイフが渡れば殺人がおこるが、医師の手に渡れば治療がおこなわれる。レンチはドリルの仕事をしない。レンチはレンチのやるべきことだけをする。あなたは自分で選んだツールにすぎない。能力を最大限に活かしてツールを使えるかは、あなたにかかっている。

クリーナーの才能とは、できるだけ最良の人材を集め、彼らをしかるべきところに配し、必要とあれば自分の利益になるよう動かしていくことだ。クリーナーは鍵となる重要な人物を、きわめて注意深く配す。理想的なチームをつくりあげるのに長い時間をかけ、ようやく必要な人材がそろったら、チームをその状態に保つよう努力しつづける。誰よりも成功している人を思い浮かべればわかるだろう。そうした人たちは、何がうまくいっているのかを見極め、うまくいっているかぎりそれにこだわる。クリーナーが変化のためだけに変化を起こすことはめったにない。「ゆさぶったり」「かき混ぜたり」したら何が起きるだろうか？　予測のつかない、でたらめな結果になる。誰かが周りにいる人間をしょっちゅう替えていたら、たいてい問題は入れ替えられた人にはない。何が必要で、何がほしいのかわからない人の責任である可能性が高い。

アドバイザー、エージェント、マネジャー、トレーナー、アシスタントなどを頻繁に替えるアスリートをたくさん知っている。彼らは家族からのプレッシャーに負けて、義理の兄弟にはできない仕事なのに彼らを雇わなくてはならない。あるいは、節約のために古い友人を雇って帳簿の管理をまかせる。すぐに誰も協力して仕事をしなくなり、みんなが苦々しそうにいらいらする。他のすべての事業がまわせるのは彼の仕事のおかげだ。それだけに集中するためにプレッシャーを取り除いてもらえると思ったのに、選手自らが人事の問題に対処しなければならなくなる。そのあとに続く混乱を見まわして、私は思う――「これはきみの仕事なのに、何をしてるんだ?」。チーム全体には1つの目標がなければならない。そうすることで、すべての結果を共有できる。大事なのは個々人の優先事項ではない。よいチームはすべてについて考える。これに参加すべきか、あのイベントに出席すべきか、ワークアウトすべきか、練習すべきか、コンディションを整えるべきか。クリーナーは、周りの人全員が自分を助けてくれて、バラバラの目的で動いているわけではない、と信頼できなければならない。あなたが一流の人間なら、周りにいる人間も一流であることを求めるし、誰もが一流の仕事をする責任をもたなければならない。

クリーナーをよく見せるためには、クリーナーの耳が痛いことでも、真実を伝える勇気をもつことだ。

「ポジティブな人に囲まれてないとだめなんだ」と言っているのを聞くと、私は笑ってしまう。それがどういう意味かわかっているのだろうか? 「面と向かって嘘をつき、気分をよくしてくれる人がいい」ってことだ。私を雇ったのは、きらきらした楽しい嘘をついてもらうためではないだろう。結果がどうあれ、私の仕事は正しい事実を知らせることだ。そのせいで冷たくて残酷に聞こえるとしても、私は気にしない。そのおかげで、私の仕事はとてもうまくいく。

選手にはアドバイスをする人があまりにたくさんいる。選手が本気で耳を傾けるにはどんなことを言えばいいだろうか? 1つでいいから、選手が考えもしなかったことはなんだ? 違いが生まれることは? これまでに選手が何百回も聞いてきたことよりも効果を生むにはどうすればいい?

もう一度言う。真実はシンプルなものだ。

ハーフタイムのあいだ、私はときどき通路で後半戦に向かうコービーと会った。私が話し、コービーは聞いていた。15秒もかからない。私とコービーのあいだでだけ通じることを言うのだが、まちがいなくコービーにはそれが真実だとわかる。

私が選手たちにしたのは、短い言葉や、彼らをハッとさせるような考えを伝えることだけだ。それだけ。そうして、彼らが気づくのにまかせる。そのほうが自分の考えになる。

ウェイドと私の関係も同じだ。2007年に膝と肩の手術を同時におこなったウェイドをプレイできる状態にしたあと、マイアミに送り返した。順調に進んでいるかどうか確認するために、私はヒートのトレーニングスタッフとも定期的に連絡を取りつづけた。ある日、スタッフから連絡がある。「こちらにきてウェイドと話してもらえませんか?」「もちろん」。到着すると、スタッフから、「ウェイドにはAとBとCとDをやってもらいたいんです」と言われる。「わかった」。ウェイドと話をさせてくれ」。私はウェイドと面会する。「A、B、Cをやってほしい。Dはいらない。いいか?」「ああ」。私はそこに8分しかいない。私は飛行機に乗って戻る。翌日、電話がかかってくる。「いやあ、ウェイドがAとBとCをやったんです!」。あたりまえだ。信頼というのはそういうものだ。私が物事の中心にいる必要はない。私はただ自分の仕事をして、姿を消したい。私がきちんとやっているなら、いつもそばにいるが、あなたがその姿を目にすることはないだろう。

真実はシンプルだ。説明も分析も理由も言いわけも必要ない。疑問の余地のないシンプルな主張が1つあるだけ。あらゆる角度からその主張について考え、持ちあげて光に透かし、ひっくり返し、切り刻んで、斧で粉々にしてもいい。それでも真実は真実だ。しかし、大きな成功をおさめた人が真実を耳にすることはめったにない。成功者を取り囲むのは、アシスタントや警備や側近やPHDだ。彼らは、真実を管理することで、信頼の輪のなかに居続けられるならどんな苦労もいとわない。そうして、社交辞令や歯の浮くようなお世辞をかき集め、成功者を喜ばせつづけるようになる。

しかし、上に立つ人間がいつも喜んでいる必要はない。ときには正直な言葉で頭をガツンとやられたほうがいい。あなたはその輪のなかでいちばん価値のある人物になりたいだろうか？それなら、クリーナーをまっすぐ見つめて、誰もが怖くて言わないようなことを伝えられる人になれ。クリーナーは気に入らないだろうし、そう言ったことであなたのことも嫌うかもしれない。だが真のクリーナーなら、騙されているのか、正されているのかがわかる。そしてまちがいなく、次に誰が信頼できるか知る必要が生じたときには、あなたのことを探すだろう。

もし私に対して真実を求めるなら、それと引きかえに、あなたも真実を語ったほうがいい。質問する前に、私には答えがわかっている。あなたが本当のことを明かすまで、私は質問しつづけるだろう。

「たくさん飲んでるのか？」

「飲んでないです」

「飲んでない？」

「飲んでないです」

「あなたの身体は酒を飲んでいるように見える」

「飲んでないですよ」

「どれくらいの頻度で飲んでるんだ？」

「だから、飲んでないって……」

「答えなくていい。もうわかっている。1カ月のプログラムが必要だ。やらないなら、キャリアはおしまいだ。やりたくないって？　それはあなた次第だ。でも、やらないといけない」

物事は悪化するのを止めてからでないと改善できない。仕事でもスポーツでも関係ない。特定の人だけにあてはまることでもない。私のところには毎年、コーチやエージェントやGMから意見を求める電話がかかってくる。私の情報を評価してくれてありがたく思う。「彼はプレイできますか？」――いや、できない。「でも、彼の様子を見ましたか？」――見ていない。「でも、私たちで治療できたら……」――できない。私が、大金をかけず、悲嘆と不安を取り除く手助けをしてあげよう。彼はプレイできない。

答えが「ノー」のとき、クリーナーは「ノー」と言う。表現をやわらかくしたり、オブラートに包んだりしない。そのあとで弁解も説明もしない。説明というのは、「はっきりしなかったので、この件について検討し、長い時間考えて、結論が出ました。いまではははっきりしています。ご理解いただけるといいのですが」を別の言葉に置きかえているにすぎない。もし本当に説明が必要なら、さらなる議論を招く扉を開ける覚悟をもってすることだ。というのも、相手はあなたがためらっていると、交渉しようとするからだ。「ノー」という言葉は閉じられた扉だ。交渉はなし。誰かに気の進まないことを頼まれて、説明を始めると、相手から何度も何度も何度も頼まれることになる。説明はするな。言いわけもするな。真実は1つの文で事足りる。シンプルかつストレートだ。1つの質問には、1つの回答だ。

すばらしい結果を得るというのは、こうした答えを見つけることであって、便利で楽なやり方で妥協することではない。真実を探して受け入れ、必要なものとして適応することだ。ただ悪化させるためだけに、ケガから急いで復帰する選手を何度見てきただろうか。トレーナーはたいてい自分のしていることをわかっている。しかし選手は、取り乱したりトレーナーを信頼していなかったり、何を話しているのかよくわかっていない人のひどいアドバイスを聞いてしまったりする。背中の具合はよくなったようだな？　それはよかった。背中に関連した他のところはどうだ？　そこもみてもらいたいか？　それとも、2週間後にまた負傷するのを待つことにするか？

アスリートの周りには、あらゆることの専門家たちが行列をなしている。コーチ、トレーナー、医師、アドバイザー、妻、両親、それからそう、取り巻きの連中。誰もが意見をもっている。私のところに来るころには、選手は大切な本能とのつながりを失っている。そして私は、プレイを調整したり身体を治したりするためにこれからやることを説明する。ほとんどの場合、選手は誰からも言われたことのない内容を耳にする。私には私のやり方があり、それがうまくいくとわかっている。「私にまかせてほしい」と伝える。自分のやり方や、やりたいようにやることに慣れているスター選手には難しい要求だ。

アスリートであれ、起業家であれ、CEOであれ、ロックスターであれ、駆け出しのひよっこであれ、自分が何を知っていて何を知らないかわかっていないといけない。アドバイスを求めるときには、たいてい真実を求めない。自分の探している答えを求めてしまう。求めている答えと正反対のアドバイスにも、心を開いていることが大切だ。

クリーナーの法則。あなたの成功を望む人や、成功するために必要なものがわかっている人で、自分の周りを固めること。自分の夢を追っていない人は、あなたに夢を追いかけるよう勧めないだろう。そういう人は、自分に言い聞かせている後ろ向きなことを、ひとつ残らず言ってくるだろう。

クリーナーはほとんどの人を信頼しない。クリーナーはほとんどいつも、たとえあとでまちがったとしても、誰かを信頼して自分の内なる声を聞かなかったと後悔するより、本能に従って状況を解決するほうを選ぶ。クリーナーにとっては、たとえ失敗したとしても、「誰かに言われてやったから」ではなく、「自分が正しいと思ったことをやったから」のほうがいいのだ。

その反面、クリーナーが相手を信頼したときには、批判も邪魔もせず、黙って仕事をまかせる。相手もクリーナーである場合は特にそうだ。クリーナーは最終的な結果しか気にしないからだ。やり方などどうでもいい。"Just do it." ただやるんだ。

しかし、まずは信頼されなければならない。

ジョーダンとフィル・ジャクソンはふたりとも究極のクリーナーだった。ジョーダンはジャクソンを信頼して彼の仕事を彼にまかせ、ジャクソンはジョーダンを信頼し、同じようにまかせた。ジャクソンはジョーダンにこう言ったのだろう。「いいか、まずはトライアングルをつくるんだ。そのあとはなんでも好きにやってくれ。でも、少なくともトライアングルをつくってくれ。そうすれば、システムを機能させているように見える（トライアングル・オフェンスという黄金時代のシカゴ・ブルズの攻撃システムについて述べている）」。ジョーダンはいくつかのプレイをしてから、自分のやり方で仕事をした。結果はどうなったかって？ うまくいった。

しかし、うまくいかなくなり、ふたりのクリーナーがそれぞれの道を進んでも、ふたりともそれで終わりではないとわかっている。競争心があまりに強いため、主導権争いに終わりはないのだ。関係を断ったクリーナーには気をつけたほうがいい。前より強力になって戻ってくるからだ。

クーラーが話すと、人は疑問を抱く。
クローザーが話すと、人は耳を傾ける。

クリーナーが話すと、人は信じる。

クリーナーは人の話に耳を傾けたうえで、自分の決断を下すことができる。情報を集め、処理し、決断するのだ。私とジョーダンがいっしょに取り組みはじめると、互いに学びあい理解を深めていった。ジョーダンはバスケットボールに精通し、私は人体に精通していた。お互い相手の権限には疑義を唱えなかった。しかし、いまでは私は先生のようだ。私の選手たちは電話をかけてきて、あらゆることについてアドバイスを求める。子どものこと、突然現れて子どもがどうとか言いだした昔の女のことなど、どんなことに対しても、どうしたらいいか、私の意見を聞く。私のことを信頼しているのだ。なぜか？　私が率直に答えるからだ。「私を信じろ」より強いインパクトをもつ言葉はほとんどない。もし、あなたが誰かにそう言ったら、重大な責任が発生するので、助けてあげられないといけない。彼らが私のところにきて「やあ、こうしたんだけど」と言ったとき、私が助けてくれるとわかっている。私はまず首を振ってから口を開く。「本当にどうにかなると思ったのか？」。とはいえ、私たちは対処する方法を見つけだし、被害を最小限に食い止めるだろう。

私は頻繁に選手たちが気に入らないことを言うが、それは彼らのためになることだ。いつもそうだ。「だめになろうとしている」と伝えるむかつく人になるのと、面と向かって「何もかもすばらしい」と嘘をつくいい人になる選択肢があったら、どちらを選ぶと思う？　彼らを失敗させないために、私はむかつく人になる。彼らはバラの花びらを浴びせられることに慣れているが、私は棘《とげ》を渡す。

1 **あなたがクリーナーなら……**

失敗を認めない。望むものを手に入れる方法は他にもあるからだ。

クーラーはできないことを受け入れてあきらめる。

クローザーはできないことを認めても、取り組みつづける。

クーラーは自分にはできるとわかっていて、他のことをやると決断するまではこだわりつづける。


オーランド・マジックに敗退し、1995年のプレイオフからシカゴ・ブルズが姿を消した夜、私とジョーダンは照明を落としたユナイテッド・センターで午前3時まで座っていた。その2カ月前に、ジョーダンは最初の引退と短い野球選手のキャリアを終えて、バスケットボール界に復帰したところだった。前年にはあまりにたくさんのことが起こったのだ。

スーツにネクタイ姿のジョーダンは新しいアリーナを見まわした。ここは、かの有名なシカゴ・スタジアムにかわり前シーズンから使用されていた。彼は言った。「このくそみたいな建物が大嫌いだ」

「きみがこのくそみたいな建物を建てたんだぜ」と私は言った。

プレイオフのシリーズのあいだ、オーランド・マジックの選手たちは、「ジョーダンはかつての23番じゃないみたいだ」と言っていた。そのとおりだった。ジョーダンは45番をつけていて、準備ができていなかった。私は誰よりそのことを承知していた。持久力もシュートも、みんながすっかり慣れ親しんできたすばらしいレベルまで戻すには時間が足りなかった。

予想どおり、ジョーダンの野球への転向は失敗だった、バスケへの復帰も失敗だった、ジョーダンは失敗した、という話が飛び交った。みんなは言った。マイケル・ジョーダンは終わった、と。

いつもどおり、彼らはまちがっていた。クリーナーが終わるのは、自ら宣言したときであって、周りから言われたときではない。

実際、たいてい世間では正反対のことが断言される。

試合が終わると、選手たち全員が握手を交わしコートをあとにするなか、ジョーダンはマジックに向けてメッセージを残した――「この勝利を味わってくれ。もう二度と味わえないから」

それからジョーダンは背番号を23番に戻すと、翌シーズン、ブルズをNBA記録となる年間

72勝に導き、「失敗する」前にすでに達成していた3連覇に続いて、ふたたび3連覇へと至る最初の優勝を成し遂げた。

失敗だって？　最悪の日ですら、ほとんどの人の最高の日よりもよいのに、どうやったら失敗できるっていうんだ？

私には失敗という考え方が理解できない。

初めて挑戦して何もかも成功しなかったとして、それで「失敗」になるのだろうか？　成功するまで何度もやり直し、取り組みつづけるのはよくないことなのだろうか？　それがどうして失敗になるのか？

大半の人が「失敗」と考えることを、クリーナーは、状況に対処してコントロールする機会としてとらえる。自分に有利になるように状況を引き寄せ、誰もが「不可能だ」と言うことを成し遂げる。成功する確率が2パーセントで失敗する確率が98パーセントだとしても、クリーナーは98パーセントのリスクを負って、みんなが「無理だ」と言ったことに挑戦する。何年もかかるかもしれない。誰も見たことのないあらゆる努力をしてでも、最終的にクリーナーは状況を自分のものにし、自分の有利になるようにする。そうしないではいられない。それしか方法を知らないのだ。これはうまくいかなかった、じゃあ、あれをしよう。あれがうまくいかなかったら、これをやろう。あなたなら、どれだけの方法を用意できる？　最後に失敗しないためにどれだけたくさんの道をつくりだせる？　たとえ失敗したとしても、そこから這い上がるための方法はどれくらいある？

シャーロット・ホーネッツのオーナー兼ＧＭのジョーダンに対する批判を耳にすると、私は興味をそそられる。４年間共同オーナーを務めたあと、ジョーダンは２０１０年に経営権を握り、元ＮＢＡプレイヤーとして初めてＮＢＡのチームの筆頭オーナーになった。クリーナーの法則。ドアに自分の名前がかかっていたら、ドアの向こうで起こることをコントロールしたほうがいい。

すぐに、チームの低調なパフォーマンスに批判が高まり、ホーネッツの失敗でジョーダンの遺産が汚されるのではないか、と疑問が投げかけられ、マネジメントの手腕で飛躍を遂げた他のプレイヤーと比較された。「ラリー・バード！　ジョー・デュマース！〔１９８０年代、１９９０年代にデトロイト・ピストンズで活躍した選手〕ジェリー・ウェスト！〔主に１９６０年代にレイカーズで活躍した選手。ＮＢＡのロゴのシルエットのモデルになった人物〕」。３人とも関わったチームで業績をあげた偉大な幹部だが、それとは話が違う。彼らは全員誰かのために働いたが、ジョーダンは自分のために働いている。自分のお金を使い、自分の名前を掲げている。いずれ辞めることになる仕事に雇われているのと、自ら選んだにせよ、そうでないにせよ、これまで元ＮＢＡプレイヤーが手がけてこなかったビジネスを自らおこなうのとでは、大きな違いがある。過去の成功の基準がなく、誰も成し遂げていないことで、どうやって失敗できるんだ？

２０１１－２０１２年のひどいシーズンのあと、ジョーダンは誰も責めず、チーム状況に対するすべての責任を引き受け、「問題を解決する」と言った。チームでいちばんの選手がオーナーだということは助けにはならないだろう。しかしシーズン後、ジョーダンは「失敗の記録に名を連ねる気はない」と記者に語った。彼を信じよう。

　要するに、失敗とは自分が「失敗した」と認めたときに起こる。それまでは常に、目的地までの道を探している途中なのだ。

　シーズン終盤に不振に陥っているあいだ、「ヤンキースはあわてふためいているのか」と記者にたずねられたとき、答えたのはデレク・ジーター〔「ミスター・ヤンキース」とも呼ばれる、MLBの殿堂入りした名選手〕だった。ジーターの対応はこうだ――「私はあわてふためいてないから、対処する必要なんてない」。まさにクリーナーだ。あるいは、ダラス・カウボーイズのタイトエンド、ジェイソン・ウィッテンは、医師の要請を拒否し、傷めた脾臓のまま復帰するために、医療放棄の書類に署名すると申し出た。プレイオフで膝のケガを受け入れるのを拒否したのはウェイドだ。脳震盪を含む多数のケガのために欠場するのを拒否したのはコービーだ。他の人はたじろいでしまうだろう。これが「失敗していない」という結論を下す方法だ。前へ前へと進み、状況をコントロールしつづける思いもよらないような選択肢を常に探す。

　成功と失敗は100パーセント、メンタルに起因する。ある人の考える成功が、誰かには完全な失敗に見えるだろう。「誰にも止められない」とはどういうことか、そのビジョンは自分で築き上げなければならない。誰かに決めてもらうことはできない。あなたの直感はなんと言っているだろう？　あなたの本能は、いまどうするべきか、どうやって成功するか、どんなことで成功するつもりなのか、わかっているだろうか？　そうしたことがどうあるべきかを、どうやって他人に教えられるだろうか？

誰かに「失敗した」と言われたとき、その本当の意味は「私だったら失敗したと思う」だ。ふむ、その人はあなたではないし、まちがいなくクリーナーでもない。クリーナーは失敗を認めないからだ。

周りが失敗を望んでいるなか、大きな困難にもかかわらず挑戦することについて、私はよく知っている。２００７年に〈アタック・アスレチックス〉の施設をシカゴに建てたとき、私にはすでに約20年のキャリアがあった。世界最高のアスリートたちと仕事をし、ふつうの人が夢見ることしかできないような場所に行っていろいろなものを目にしてきた。私はアタック・アスレチックスを次のレベルに引き上げたかった。誰もが、トレーナーとしての私の進化の最終ステージだ、と言った。しかし私にとっては、始まりにすぎなかった。私は、世界じゅうから人が集まる、最先端のアスレチック・トレーニング施設をつくった。他の個人トレーナーでは建てることも所有することも思いもよらない施設だ。

私にはある展望と計画があり、それらはすべて実現した。新しい事業は私の望んだとおりになった。しかし、他のビジネス同様、予期せぬ事態によって調整を強いられ、私は施設の方針を変更するという難しい決断を迫られた。ＮＢＡのロックアウトに直面している選手たちは、確実にシーズンが始まるとわかるまでトレーニングに金銭的な投資をしたがらなかった。コービー、ウェイドといった私の主なクライアントたちは、どこにいようともちろん私を必要としてくれた。そのため、私はシカゴの施設をそのままにして、彼らといっしょに世界を回った。ビジネスをおこなうには難しい方法だ。ほどなくして、アタック・アスレチックスは「失敗した」という噂がささやかれた。

アタック・アスレチックスに起こったことは挫折だった。しかし、挫折に対処することで成功できる。学んで、適応する。周りのみんなからどれほど「失敗した」と言われても、プロフェッショナル然として現れ、計画を立て直し、もう一度取り組む。これこそ、よい――すごい――ものすごいと向上する流れだ。ものすごい状態から始められる人はいない。失敗し、その原因を解き明かし、自分を信じるのだ。

これだけは言わせてほしい。アタック・アスレチックスは単なる建物ではなく、私の仕事であり、私そのものだ。アタック・アスレチックスで大事なのは、設備と環境と革新的なコンセプトだ。アタック・アスレチックスは私であり、私のトレーニング哲学なのだ。それは私がどこに行こうとついてくる。アタック・アスレチックスは私が世界じゅうでしている仕事だ。クライアントと私がどんなことでも失敗しないよう懸命に取り組んでいる。私たちは常に成功する方法を見つけだす。

だが、あらゆることでいちばんだと、背中に大きな標的を背負っているようなものだ。同僚や友人や敵対する相手が陰口を叩きだし、あなたのことやあなたのビジネス、あなたが「失敗」

するかどうかについてかなり気にしているようなら、自分が適切なことをしているとわかるだろう。失敗？　それで何を失うというのか？　私が失うものは、おまえらが一度も手にしたことのないものだ。

クリーナーは失敗を経験することがない。なぜなら、クリーナーには終わりがないからだ。たとえ計画どおりに進まなくても、クリーナーは本能的に別の方法で成功する選択肢を探す。クリーナーは困惑したり恥ずかしがったりしない。誰かのせいにもしない。自分の置かれた状況について何を言われようと気にしない。終わりはない。終わることなどありえない。

そして、どんなことが起こっても何ひとつ疑わず、自分が頂点に立つ方法を見つけるだろう。もし森のなかで私とクマが取っ組み合ってるのを見かけたら、クマのほうを助けてやってくれ。

「失敗」を成功に変える選択をするんだ。もしチームがチャンピオンになれなかったら、もし仕事がうまくいかなかったら、がんばったのに達成できなかったら、進化の次のステップへ進むことだ。自分が何者かを、どうやってここまでたどり着いたのかを思い出せ。心の声に耳を澄ませるんだ。その声はなんて言ってるだろう？

終わりなどない。選択肢はある。

クーラーは敗北を受け入れる。

クローザーはもっとがんばる。

クリーナーは違う結果を出すために戦略を練る。

本書のなかに、「負けを認める」という言葉はない。それは、「あきらめる」と「リレントレス」という言葉が、生産的なかたちで組み合わさることがないからだ。負けを認め、「そうするしかなかった」と言う人は、成功することや傑出することや自分自身に対して真剣ではなかっただけのことだ。そうした人の言い分は、「がんばったけど、うまくいかないからあきらめた」というものだ。

「がんばる」なんてくそだ。がんばることは失敗への招待状だ。それはこう言っているようなものだ――「失敗しても、僕のせいじゃないよ。がんばったんだから」

ベストを尽くそうとしたのだろうか？　それともベストを尽くしたのか？　そこには大きな違いがある。「えっと、がんばったんだ」。わかった。さあ、何をやったのか言ってくれ。

やるか、やらないかだ。

やれ。そして、うまくいかなかったら、もう一度やるんだ。

こんなふうにやったのか？　あんなふうにか？　あらゆるアイデアを試してみたか？　思いどおりにする方法は他に何かないだろうか？

すばらしい結果を目指すなら、犠牲を払うことを避けてはいけない。望んだものが手に入らず辛酸をなめる経験をするまで、自分がそれをどれほど望んでいるかはわからない。だが、一度その思いを味わえば、苦い思いを拭い去るために死に物狂いで取り組むだろう。試合のメンバーから外されたり、大金を失ったり、誰かに先に昇進されたりしたら、他の人ならあきらめるかもしれない。そういう人たちは真っ先に、あなたもあきらめるように言うだろう。だが、やめるのは自分が望んだからか、そう言われたからか、どっちだ？ やるべき仕事は残っていないか？ 胸に怒りがくすぶり、行動を起こして巻き返すよう駆り立てられないのか？ クローザーは止められるまで進み続ける。このことをおぼえているだろうか？ 彼らは終わりの地点にいるから、クローザーと呼ばれるのだ。だが、終わりが訪れると、クローザーはそのことを知り、「終わった」と感じる。それで終わりだ。

クリーナーにはそれで終わりだということが受け入れられない。だが、いつ方向転換するべきかは、よくわかっている。

目標までの道筋を定めたのに、方針を変えるのはたいへんだ。決断を下し、取り組み、報酬も得た。それなのに、なんらかの理由で、計画どおりに進まなくなってしまう。

方針を変えるときだと認めるのは弱さではない。

弱さとは、他の選択肢を考えるのを拒否し、どんなことにも対応できず、何もかも失敗することだ。

何かがおかしい、と気がつくのは、誰もが経験することだ。計画したように進んでいかないかもしれないし、予想したように稼げないかもしれないし、やっていることやいっしょに仕事をしている相手が気に入らないかもしれない。あるいは、自分ではどうしようもない出来事の影響を受けているかもしれない。

こういうとき、あなたのもつ直感こそがおそらく最も有効なツールだろう。というのも、心の声に耳を澄ませ、それを聞き入れるかどうかを決められるのは自分だけだからだ。

プロスポーツでは、引退するのか、もうワンシーズンやってみるのかは大きな決断だ。若いアスリートにとっては、ベンチを温めつづけるのか、新しいスポーツに転向するのかという決断がある。ビジネスにおいては、転職するか、起業するか、事業を売却するかといった選択があるだろう。どんな状況でも、何かを変える時期を知るには勇気と確信が要る。

「もう十分だ」と言って、自分が成功できるものに対して新しく努力を始める時期がわかるのは、特別な人だ。おそらく、夢はもともと思い描いたようには展開しないだろう。だが創造性とビジョンを駆使して、ずっと望んでいたものとつながりつづける方向に、目標を変更できる。

私はためらうことなく、「私の仕事では私がいちばんだ」と自分に言い聞かせることができる。これは努力のたまものだ。しかしいちばんになるためには、多くの教訓を学ばなければならなかった。方向転換する準備を怠らず、周りが口にする何が成功で何が失敗かという意見に惑わされないようにしなければならない。

私がその教訓を初めて得たのは、イリノイ大学シカゴ校のバスケットボール選手だったころだ。私は大きな夢を抱いていたが、前十字靭帯を断裂してしまった。ひどいリハビリのせいで、腰に問題が起き、さらには足と膝もおかしくなった。みなさんには想像できないほどたくさんの整形外科的な問題を私は抱えている。そのときにはわからなかったが、私の最大の弱みが最大の強みになった。あらゆるケガと手術を経験したおかげで、同じ問題に対処する人をきわめて高いレベルで手助けできるようになったのだ。

私はかなりいい選手だったが、NBAでやれるほどではなかった。そのことを受け入れる心の準備ができていなかった。最初の手術を受けたとき、私が望んだのはバスケットボールをプレイすることだけだった。私は誰よりも信心深い人間とはいえないが、私にとって、前十字靭帯断裂は1つのメッセージだった。「いいか、おまえはあまりに長い時間このケガに取り組んでいる。こんなことは偶然起こることではない。だから、膝のことはさっさとけりをつけるんだ。そうすれば、おまえの人生でやるべきことに集中でき、もっと速く進むべき道を歩める」

しかし、自分の夢の違う結末を考える気にはなれなかった。壊れた膝に大きなサポーターをつけてプレイし、ケガと悲惨なリハビリの結果を乗り越えようとしていた。

するとある日、転機が訪れた。トーナメント戦に出場していたとき、見知らぬ子どもがやってきて言った。「あなたがよかったころのことをおぼえてるよ」

ああ。

そうだったのか。

このひと言で目が覚めた。それは私が自覚しなければならないメッセージだった。私は成功する見込みのない状況を無理に進んでいたのだ。その子の言った内容が重要なのではなかった。

すでにわかっていたことを言ったにすぎない。私がまだそのことを受け入れていなかっただけなのだ。その後、私は遊びのような試合で一度プレイしたが、それで終わりだった。

私が抱いた夢の新たな結末を見つけるときだった。

学んで、適応する。私のぼろぼろの身体はバスケをプレイするのに役立たない。だとしたら、学んだことを使って、何かポジティブなものに変える方法を見つけるのだ。そのことを私は実感した。それが何なのか、私にはもうわかっていた。チームのためにはがんばりたくなかった。自分のためにがんばりたかった。誰かバスケットボール選手をつかまえて、前よりよくしたい。それが、私がＮＢＡで成功する方法だった。

うまくいく予感がした。

もちろん、その夢が実際にどうやってかたちになるかわかるまでには、もう少し時間がかかった。私はブラッド・セラーズをはじめとするブルズの選手を追いかけて、全員に手紙を書き、トレーニングを申し出た。誰からも返事はなかった。マイケル・ジョーダンは最もトレーナーを雇う可能性が低いと思った。プロのアスリートをトレーニングしたことがなければ、なおさらだ。そのため、私はジョーダンとはコンタクトすらとらなかった。

こうして私は学んだのだ。やってみる、じゃない。やる、んだ。

現在、私は超一流の選手たちに身体のケアを指導している。そうなれたのは、最初の障害物にぶつかったとき、自分の置かれた状況を「失敗」と見なさなかったからだ。誰もが否定的にとらえることを受け入れ、有利になるよう活かすんだ。すねたり、背中を丸めて世を儚《はかな》んだりしないで、問題をにらみつけながら、これでうまくいかないなら、ああすればうまくいく、と考えよう。そして、あなたのことを疑問視する相手に言うんだ。「私ならできる」と。

あなたの新しい計画に、みんなが理解や同意を示してくれると期待しないことだ。大半の人は安全なままで満足するか、悪い状態のままにしておくのが恐ろしいあまり、その恐怖と疑念を押しつけようとしてくるか、そのどちらかだ。彼らは失敗を予測し、あなたはチャンスを思い描く。私がこの分野に進もうと決心したとき、誰もが言った。「ああ、ジムのトレーナーね」――違う。「パーソナル・トレーナー?」――違う。私はパーソナル・トレーナーではない。パーソナル・トレーナーとは、ジムで1時間ワークアウトを手伝って、客がまた次に予約をしたときに見るだけだ。私はクライアントのために、週7日、年間365日、24時間いつでも働く。必要なときにはいつでもそこにいる。「肉体の建築家」あるいは「アスレチック・スペシャリスト」と呼んでもいい。建築家は建物を建て、私は肉体を完全につくりあげる。その肩をどうやってもとの状態に戻せる? 前よりたくましく耐久性があり力強い体格にするには、どうつくりあげたらいい? 私は肉体の建築家だ。私にまかされた精神と肉体のすべてに責任をもつ。

こうなったのもすべて、私がバスケットボール選手として「失敗した」からだ。

私にとって、成功とはいくら稼げるかではない。お金が成功だったことなど一度もない。成功とは、他に誰もできないことをすることだ。

2、3年前、私はパデュー大学に所属するロビー・ヒューメルと夏を過ごした。すばらしい青年だが、8カ月のあいだに二度も前十字靭帯を断裂していた。一度目は2010年、3年生のときで、シーズン終了まで8試合残っていた。ヒューメルはすでに全米でトップ選手のひとりに数えられていた。復帰を決意したヒューメルは手術を受け、チームのトレーナーとリハビリをし、来るべき4年生のシーズンに向けて準備をするために、チームに戻ってきた。

チームの練習のまさに初日、ヒューメルは再び前十字靭帯を断裂した。シーズンを棒に振り、選手生命を断たれるかもしれない。

8カ月に二度の手術？　二度の前十字靭帯断裂から復帰？　結果が伴うかわからないなかで、やらなければならないことがたくさんある。「将来を約束されていた身長206センチの全米代表のフォワードのキャリアが断たれたのでは」という噂が流れた。ヒューメルの父親から私に電話がかかってきたのはそのころだ。5年生としてもう一度挑戦するために、私にヒューメルを復帰させることはできるか？

二度の前十字靭帯断裂からのリハビリを成功させた同業者を、私はひとりも知らない。だが、ヒューメルは私のキャリアでは3人目になるだろう。どうすればいいのか、私にはわかっていた。数カ月にわたる献身的な取り組みと、かなりの精神的タフさが要求されるだろうが、それはヒューメルが選んだことだ。

7カ月間、ヒューメルはシカゴのアタック・アスレチックスで週5日、1日2回リハビリをおこない、インディアナ州バルパライソの大学まで戻る生活をおくった。車で片道1時間かかる。あまりに速いペースで厳しいリハビリを課せられて、彼はいくらかあっけにとられているようだった。「初日は面談して、身長と体重を測るんだと思ってた」――ヒューメルはそう記者に語った。「1時間でゴミ箱に吐いてしまうほど激しかったよ」

私たちの目標は、2011－2012年のシーズンのビッグ・テン・カンファレンス（アメリカの大学スポーツのリーグの1つ）が始まるまでに、ヒューメルを万全の状態にすることだった。みんなは「不可能だ」と言った。外科医はプレイする許可を出していたが、私の許可を得る前に、ヒューメルはテストを1つクリアしなければならなかった。120センチの高さから飛び下りて、ジャンプして戻らなければならない。膝、足首、腰のリハビリをした選手には全員同じテストを課している。ついにそれができた日が、準備ができ、お別れのあいさつをして、ヒューメルを学校に戻す日だった。私たちがやることは終わった。だが、ヒューメルのやることは始まったばかりだった。

前よりよくなって復帰しただけでなく、ヒューメルは自身のキャリアで三度目となるオール・ビッグ・テンのファーストチームに名を連ね、得点、リバウンド、ブロックショット、スリーポイント、フリースローのランキングで10位以内に入った。そして、NCAAトーナメントへの最後の出場となった試合で、カンザス大学に僅差で敗れたものの、ヒューメルは、5本のスリーポイントを含む26点をとって圧倒した。そのときには私はもうヒューメルと組んでいなかったが、彼がNBAドラフトの2巡目（全体で58位）で指名され、プロのキャリアをスタートさせるためにスペインに向かったのがうれしかった。

そこでヒューメルはすぐに半月板を損傷してしまった。

さらなる手術があり、さらなる取り組みがあり、さらなる努力が続いた。

やめてしまってもおかしくなかった。しかし、ヒューメルは続けた。

選択がすべてだ。私はアスリートには前もってすべてを伝え、戦いつづけるかやめるか決めさせる。1年半かかる膝のリハビリを前にして、トレイシー・マグレディは厳しい決断を強いられていた。選手としてのキャリアを2年あきらめれば、40歳か50歳になってもまったく健康な膝でいられるだろう。あるいは、いちかばちかリハビリを半分の期間にして、キャリアのあいだは強靭な膝でいられるような取り組みをし、引退したあとで残された問題に対処するか。そうした決断を私がするわけにはいかない。しかし、リハビリ期間が長いほうを選ぶ選手はいない。

こういう場合、私が選択肢を提示し、アスリートが選ばなければならない。安全にプレイしていても、いい選手にはなれるだろう。だが、賭けに出ることを避けてリレントレスにはなれない。安全なままでもよい結果は出る。だが、可能性に賭けてこそすばらしい結果が得られるのだ。

自分の身体に対して賭けに出る決断をしたもうひとりの例は、ギルバート・アリーナスだ。私は彼に伝えた。「この膝はいま可動域が１００度ぐらいある。３年後、90度になるだろう。7年後にはおそらく75度になっている」と。アリーナスは質問した。「プレイするには何度必要だ？」「約45度だ」。アリーナスは、「わかった、このままでだいじょうぶだ」と言った。アリーナスを１００パーセント復帰させられると私たちにはわかった。なぜなら、荷物をまとめてシカゴにやってきて、私に苦しめられながら３カ月過ごすのをいとわない人には、すでに適切な心がまえができているからだ。

結局のところ、こうした大きな決断によって成功か失敗かが決まる。誰を信じればいい？医者は完治させるための医学的な見解をきちんと説明しなければならない。医者は症状を処置する。私は原因を克服する。チームやスポンサーは、できるだけ早く選手に復帰してもらいたがる。エージェントは、次の契約のためには状況に応じてどうふるまったらいいかを考える。私はただケガの具合を見て、みんなと話し、選手に選択肢を与える。これをすれば、こうなる。あれをすれば、ああなる。ケガの原因はこれだ。私たちはこうするつもりだ。そうすれば二度と起こらない。どうする？

人生を左右するほどの大きな決断をまかされていると、私は成功した気分になる。お金もいいが、何かで抜きんでるためにあまり時間が残されていない人を助けるほうがいい。ジュワン・ハワードのような選手が私は好きだ。１９９４年に入団し、約20年ものあいだ優勝する機会を求めてずっと懸命にやってきて、２０１２年にヒートでついに達成した。30代後半で、コンディションを保ちチームに選ばれつづけるためには、どれだけのことをしなければならないことか。それも、ただ優勝せずには引退しないという理由で？　これこそ、失敗を受け入れず、勝者になった男だ。

アスリートに対しては、日いちにちとキャリアの終わりが迫っていること、引退するのかさらにがんばるのかという決断を迫られていることを理解しなければならない。成功をつかむためにどれくらいの時間が残されているにしても、どうやってその時間を充実させられるか？そこに私の成功の秘訣がある。

選手ならいつまでも現役でいたいため、引退を敗北のようにとらえてしまう。しかし、前もって考えておけば、そんな必要はない。私は引退が近い選手と何度もこの話をしてきた。１年後には、取るに足らない存在になっているだろう。選手としての業績を残していても、毎朝目を覚まして何もすることがなければ、それが何になる？　注目されたがる元選手のひとりになる前に、すぐにそのことを考えないといけない。シューズの契約はいつか終わる。コーチや解説者になれる人はかぎられている。どうするつもりだ？　これから何年もすばらしい存在で居続けるために、どうすればその偉大なキャリアをもっとよくできる？　いますぐにやるんだ。ぼやぼやしていたら、選択肢は手から滑り落ちていってしまう。同じことを考えて努力している人は他にもいて、おまえがいずれ終わる現役生活にしがみついているあいだにも、どんどん先に進んでいる。

クリーナーは去り際と、どこに進んだらいいかを心得ている。急いだりせず、いつもゆっくり進み、思うままにすっと立ち去る。ある局面の戦闘では負けることもあるが、それは戦争に勝つ計画の一部なのだ。1試合負けても、シーズン通してでは勝つ。1シーズン負けても、次の3シーズン勝てるよう巻き返す。失業しても新しいビジネスを始める。クリーナーが成功したかどうか、それを決められるのはクリーナーだけだ。

1 あなたがクリーナーなら……

常に飢えているため、何かを達成しても喜ばない。

クーラーは祝いの席に最初にやってきて、最後まで帰らない。

クローザーは顔を出してから、仲間たちと出ていく。

クリーナーはただ仕事に戻りたがる。


私はパレードには参加しない。翌日私の選手が、パーティでかいた汗とシャンパンで濡れそぼった優勝記念Tシャツ姿で目を覚ますころには、私はとっくにいなくなっている。すべてが終わってから、私たちは2、3分過ごす。それだけだ。

「どうだ?」

「いい気分だ」

終わった。

次だ。

これがクリーナーの好きな言葉だ。

常にやることはある。証明すべきことが、常にある。

祝うのは他の人にやらせておけばいい。クリーナーはまだ満足しない。6戦で優勝を決めたなら、どうして5戦で決められなかったのかと落胆する。ベンチプレスで88キロを上げられたら、どうして90キロは上げられないんだと思う。100万ドルの契約を取りつけたら、120万ドルでできたかもしれないと考えつづける。

決して満足しない。

めったにないことだが、クリーナーもお祝いしたい気分になる。ひとりでいるときに、ほんの短い時間そうなるだけで、誰かと共有したりしない。というのも、他の人にはクリーナーがこれまでにどういう経験を経てきたのかわからないだろうからだ。他の人たちが祝えるのは、すべてクリーナーのおかげだ。みんなは気づいてすらいないかもしれないが、クリーナーにはそのことがわかっている。

達成したこともがんばったこともすべて、祝ってもらうためにやったわけでも、誰かのためにやったわけでもない。すばらしい瞬間のためにやったのだ。誰もが夢見るものの、ほとんどの人が体験できない、しびれるほど強力な満足感のために。

だが、味わった瞬間に、それはすでに色あせている。もう一度それを得るためならどんなことでもする。それしか考えられない。

それが一瞬だけ訪れる「満足」であり、そのあと「もっと」という思いが深いところから熱く高まってくる。

クリーナーは静かで物憂げな勝利の味を知っている。他のみんなが心ゆくまで勝利を堪能するいっぽう、クリーナーは失望感が迫ってくるのを待つ。それにより、栄光は過ぎ去り、新しい挑戦が目前に迫っていることをはっきりと思い出す。その挑戦は、成し遂げたものより大きくて厳しく、より過酷なものになるだろう。

祝勝会でクリーナーを見つけたかったら、周りから離れてひとりで立ち、みんなを見ている人を探せばいい。クリーナーがいっしょに喜んでいるのは、みんなが仕事を成し遂げたという思いで帰宅できるからだ。だが、クリーナーにとっては常に始まりにすぎない。次にどうするか、次のリスク、次の標的についてすでに考えている。パット・ライリーが次にタイトルを獲ったらよく見るといい。祝賀会でこんなにおとなしい人はいないだろう。ここに至るまで何が必要で、チャンピオンで居続けるために何をしなければならないか、ライリーは知りつくしているのだ。

真のクリーナーが最低になるのは、何かを達成した直後だ。5分間、すっかり浮足立ってしまう。それから丸1日、比較的うれしそうにする。そのあとは……どうなる?

また取り組みはじめる。

みんなから「偉業を成し遂げた」と言われ、クリーナーにもそのことはわかっているが、周りからの称賛などなんの意味もない。なぜなら、みんなが彼に定めたであろう基準よりも、クリーナーが自ら定めた基準のほうがはるかに高いからだ。勝っても負けてもクリーナーは、もっとうまく、もっとすらすらと、より時間をかけずに、あるいは前に成し遂げた以外の方法で達成できなかったか、ということしか考えていない。そのようにしてやり遂げるのだが、それでもクリーナーは、「どうすればもっとできるか」をいつも考えている。

常に自分の能力を信じて、他の人が求めるより多くを自らに課す――すばらしい結果をリレントレスに追い求めるというのはそういうことだ。

勝利には依存性がある。偉大なるヴィンス・ロンバルディ〔伝説的なアメリカン・フットボールのコーチ〕はかつてこう言っていた。「勝利とは習慣だ」と。これもまた真実ではあるが、私に言わせると、習慣は習慣でも否応なく依存症になる習慣だ。勝利を味わうまでは理解できないが、一度味わうと、さらなる勝利を求めて一生を費やせる。ダークサイドが勝利を強く求めることで生まれる鈍い痛みを、あなたは身の内に感じる。ゾーンに独りきりでいるとき、成功へのゆるぎない渇望の他に、あなたは何も自覚していない。あらゆる選択、あらゆる犠牲、独りきりで準備し学び夢見た瞬間……そのすべてが勝利を切望する糧になる。

仮に、「これほど懸命にやる必要があるのか、それだけの価値があるのだろうか」と自問せずにいられなかったことがあるようなら、どうぞやめてくれ。あなたには達成できない。

もう一度勝利を経験するためには、また初めからやり直し、すべてのプロセスを経て、結果が出るかわからないまま、さらに厳しく取り組まなければならない。こうしたことを実感すると、勝利の大きさは筆舌に尽くしがたい。私が初めてコービーと仕事を始めたころ、試合後にジュワン・ハワードがコービーのところにきて、「長いあいだ私と組んでいる」と言い、「私のおかげで現役生活が長くなっている」と話した。それからコービーに、「あと何年くらい現役を続けたいか」とたずねた。

「6回目の優勝をするまで」とコービーは言った。

ハワードがたずねたのは年数だったが、コービーは年数では答えなかった。大半の選手なら年齢や契約の長さで答えるが、そうもしなかった。コービーは優勝の回数で答えたのだ。その時点で、コービーは3回優勝していた。その後のシーズンでさらに2回優勝した。いま私がこの本を書いている2014年の時点で、コービーが目標にたどり着くにはあと1回必要だ。それについて私が何か言うとすれば、こうだ。「あと2回だな」

依存症とはこういうものだ。他の選手はあと何年契約が残っているか、ぼろぼろの身体であと何シーズンできるかと考える。偉大な選手はそんなことを意識すらしない。ただ自動的に1つの回答がある。勝つこと。限界があるかどうか、いつ限界がくるかなど考えない。限界があるなどと思っていない。ただ前に進みつづけ、誰かに言われたときではなく自ら望んだときに、好きなようにやめる。

数年前、私は手術して復帰を目指す選手をみていた。彼は言った。「みんなと互角に戦えるようにうまくなりたい」

そのひと言が気になった。「なんて言った？」

「みんなと互角に戦えるようになりたい」

「互角とはどういう意味だ？」

「おれには無理だと言っていた全員を見返してやりたい」

「互角の意味がわかってるのか？　そいつらと同じということだ。すぐ隣に並んでるってことだ」。沈黙があった。「心からみんなと同じになりたいのか？　それとも本当はそいつらを追い抜きたいのか？　追い抜けるのに、どうして横に並ぶんだ？　バスケの試合では、相手を出し抜くから抜ける。ここでも同じようにするんだ。勝利を目指せ。引き分けで満足するな」

彼は理解した。誰にでもできることではない。才能に恵まれ能力があるのに、透明な天井に遮られているかのように、進歩する能力がまるでない人のことを考えればわかる。大半の人は、周りから言われるからか、自分で思うからか、そのように自分の限界を決めてしまう。そして、その天井の下で、自分の能力に甘んじるのをよしとする。私の仕事は、その天井を押し上げさせることだ。何をするにしても、前よりもよく、前よりも強くなってもらいたい。私のところに選手がやってきて、「今夜、トリプルダブルをやる」と宣言する。すると、彼は宣言どおりトリプルダブルを達成して、誰もがすっかり興奮する。私はこう思うだけだ――「昨夜はどうしてトリプルダブル止まりだったんだ？」

クリーナーが自分のために行動すると、他のみんなも成功する。どんなことであれ、クリーナーが自分の目標を達成すると、みんなの目標が達成される。クリーナーが望んだことを成し遂げると、周りの人が利益を得る。クリーナーがボスの会社で、クリーナーが大きな取引をまとめながらずっと働くことで莫大な利益を上げれば、従業員が得をする。クリーナーが勝利に導くシュートを決めるのは、1日たりとも欠かさず毎日1000本もシュート練習するからだ。そのおかげで、チームメイトは勝者として家に帰れる。だが、みんなが喜んでいるのにクリーナーが喜んでいないのは、いつもスコアシートを見にいき、良かった点はざっと見て、すぐに悪かった点をチェックするからだ。「30得点、10アシスト、くそっ、2回もターンオーバーしてる」。そして、そのことしか記憶には残らない。「ああ、今夜は2回もターンオーバーした」。完璧に近いプレイをしても、クリーナーにとってはそうではないのだ。

「ほぼ完璧」と「完璧」のあいだにある溝を埋めようとする意欲が、すごい選手と誰にも止められない選手との差だ。結果に満足したことがないという落ちつかない気分を振り払えないのは、常に「もっとできたはずだ」と思い、それを証明するために立ち止まらないからだ。それは理想的な生き方だろうか？　私にはわからない。楽な生き方ではないのは確かだ。基本的には家族や友人に理解されたいと思っているが、理解はされないだろう。つまるところ、クリーナーの全人生は、他のすべてを除外して1つの目標に捧げられる。ビジネスだろうがスポーツだろうが人間関係だろうが、何を重視しているにしても、こう言えるようなことにあなたはすべてを捧げなければならない――「私はこれをやっている。これをするために、あきらめなければならないことはすべてあきらめる。誰にどう思われても気にしない。私の人生の他の部分に影響があるようなら、必要なときに対処するつもりだ」

これはまさにコービーのことだ。彼のすることは、すばらしいかどうかがすべてだ。あらゆることがそうで、他のことはどうでもいい。「そのためならなんでもする！」という台詞はいつでも聞こえてくるが、コービーはその台詞を実践して生きている。生活のあらゆる細部、1日のなかの毎時間、ジムで過ごす孤独な時間、すばらしい状態を維持するために求める人材、すべてがトップでありつづけることを中心に回っている。だからこそ、私たちはとてもうまくいっているのだ。コービーは1つのことに意識を向けている。私もだ。私たちは勝つことへの執着を共有している。私たちのすることはすべて、そのたった1つの目的に向けられている。

とはいえ、満足することのない人生は孤独だ。成功すれば幸せになると思われているが、実際に体験すると、想像したものとは違う。望むものは手に入るが、孤独になる覚悟をしておいたほうがいい。人が進みたがらない道を選ぶ勇気をもち、けっして誰からも理解されないような困難な道を進んだのだから。思い描いたものがようやくすべて手に入っても、あなたはずっと疑問に思っていたことを確信することになるだろう。どんなことをくぐり抜け、そこにたどり着くためにどんなことをしてきたか、それを理解しているのはあなた以外にいないのだ。

私にとって、満足しないというのは、あらゆる状況に備えること、あわてず騒がずよどみなく適応する備えをすることだ。すべての詳細を吟味し、他の人が気づかないようなことにまで細心の注意を払うことだ。ボールがネットに吸いこまれるのを見届けなくてもいい。シュートを見れば決まるかどうかわかる。「手首がこうなっていないといけない」「肘がここにこないといけない」「このシュートがうまくいかず、あのシュートが完璧な理由は？」——そうしたことを伝えるのが私の仕事だ。すべてがどのように連携しているかを私の選手たちに示すと、「信じられない」という顔をする。私は詳細を見逃さないし、選手もそうしないよう念を押す。これが私と他の人との違いだ。

しかし、あなたがそのように生活し仕事をしていると、大きな被害があるかもしれない。競争心の強い人が直面する最大の難関は「燃えつき症候群」だ。賞を取り、金を稼ぎ、栄冠を手にすると、ひと休みしてしばらく誰かにまかせてしまいたい誘惑に駆られるかもしれない。私生活におけるプレッシャー、周囲の目、緊張といった要素は、ほとんど誰にでも影響をおよぼす。あなたがスポーツ以外のことをしているなら、選択肢はある。転職したり、職種をかえたり、長期休暇をとったり、学校で学び直したり、自分の仕事で新しいことを学んだりできる。スポーツではどうだろう？　ジョーダンが野球に挑戦したように、才能と実力がずば抜けているなら、一定期間は離れられるだろうが、そうでなければ、そんな選択肢は忘れることだ。私の目には、そのおかげでジョーダンが最も偉大な選手になれたように映る。ジョーダンにはゾーンにいる時間をコントロールする能力があり、常にゾーンに入っていた。ジョーダンは引退してから、バスケの技術を洗練させ、何も変わっていないかのように復帰した。しかしそうはいっても、アスリートには時間の余裕はない。彼らはほんの数年で結果を残さねばならず、同年代の人たちがキャリアを始めたばかりの年齢でやりきってしまう。

だがある時点で、エリートのアスリートはみな、特別な存在になるためにリレントレスな取り組みをすることに疲れ果ててしまう。とりわけ、テニス選手やオリンピック選手など若くして成功したアスリートに共通することだ。彼らはいつも努力し、トレーニングに励み、移動し、競争していたため、子どもでいられる機会がなかったと感じる。子どもでいられる機会がなかったとしたら、あなたは自力でそれを求めるだろう。なぜなら、「楽しみたい」「ルールを無視したい」「責任や目標やパフォーマンスを忘れたい」というのは、完全に本能的なものだからだ。私にもそれはわかる。だが私は、子ども時代というものは過大評価されていると確信している。自由があり、それを謳歌する金銭的な余裕があれば、大人になってからでもはるかによい子ども時代を過ごせる。偉業を成し遂げるにはほんの短い時間しかないが、何歳になろうと、残りの人生で子どものようにふるまえる。できるかぎりやりきって、30歳か35歳までに何かを達成すれば、この先何十年も築き上げたものを楽しむことができる。

アスリートのなかには、「自分はもう終わった」とわかる人もいて、そうしてキャリアを終える。しかし、終わったわけではない選手が燃えつき症候群にかかると、もとに戻る方法を見つけるのがとても難しい。おそらくその選手は、タイトルを獲得し、シーズンオフに休養をとり、次のシーズンが始まるとともに、いくらかの自信と満足感を胸に戻ってきたのだ。たいていの場合、もとに戻る方法は1つしかない。競争心だ。誰かが自分の場所を奪おうとしていると考え、自分がぶくぶくと太っているあいだに、他のみんなは引き締まって野心をもっていることに気づく。そうしたら、すぐに遅れを取り戻さないといけない。さもないと、近いうちにチャンピオンではいられなくなるだろう。

ジョーダンのバスケットボール殿堂入り式典でのスピーチを聞いて、私は考えさせられてしまった。「僕らはやりきったと思ったが、いまはまだはっきりとはわからない」。私にもまだわからない。もしものときのために備えておく。

クリーナーも他の人のように「燃えつきた」と感じるが、引退してその競技について考えないようにすると、現役を続けるより不安やストレスが募る。勝利への執着はまだ糧となるものを求めている。こうした理由から、引退しても復帰する選手がいるのだ。彼らは満足できず、何かを証明しないではいられない。みんなにではなく、自分自身に対して。プレッシャーは内側にしかない。

◇　◇　◇

そうしたプレッシャーを求め、歓迎し、弱めてはいけない。

自分のやることを好きでなくてもいい。ただし、結果には貪欲でなければならない。

私はこれまでに、不可能なことなどない、とわかるぐらい「不可能なこと」を成し遂げ、経験してきた。そして毎日そのことを証明する挑戦を求めてきた。私がハリウッド業界のセレブではなく、アスリートしかトレーニングしないのは、こういう理由からだ。私がすることで、大事なのはアスリートのパフォーマンスに関することしかない。そして1歩外に出たら、私の選手たちにはメイクも台本も隠れる場所もない。どんなこともみんなが見ている前で起こる。俳優は欠点やまちがいを修正したり編集したりできるが、選手たちに隠れるところはない。そうしたプレッシャーが私は好きだ。アスリートの状態を仕上げ、世界じゅうが見ているなかで、やってきたハードワークが名勝負に変わるのを見るのが好きだ。ジョーダンが野球をできるように身体を鍛えるのも、バスケットボールに復帰できるようにするのも好きだった。その結果、ジョーダンは最初の3連覇に続き、さらに3回優勝できた。コービーを最高のレベルに引き上げ、それを超えさせるのも好きだった。そうしてコービーは、4回目と5回目の優勝を目指す夢を追いかけることができ、それに飽き足らないでいる。2012年にヒートが優勝した夜、偶然パット・ライリーに会い、どうやってほんの数日でウェイドをここまで爆発的なプレイができるようにしたか、たずねられたのもよかった。状況が与えられたら、私がなんとかしよう。それが私の原動力だ。毎回新しい挑戦があり、前より優れた新しい方法を生み出す。

私を感動させるのは簡単ではないし、私が自分では学べないことを教えるのも難しい。それは認めよう。だが、毎日私に何かを教えてくれて、夢にも思わなかった方法で挑んでくる人がいる。元気ですてきな私の娘、ピラールだ。娘は感情によって人が弱くなることを示す生きた証だ。ピラールのこととなると、私は愛しい娘をもつひとりのパパになってしまう。母親のように聡明で美しい娘のおかげで、激しい競争がありプレッシャーのかかるダークサイドから、日々の生活のなかで私を和らげてくれる光と愛のなかに戻ってくることができる。私の行動によって、私が娘に感じてるのと同じように、娘も私のことを誇りに思ってくれることを心から望んでいる。

こうしたことを伝えているのは、私が娘にするアドバイスと読者に伝えるものが同じだからだ。同じだからこそ、それが真実だとわかるだろう。

あなたが思い描くあらゆる夢、寝ているときに目にしたり聞いたり感じたりするすべては、幻想なんかではない。それは深いところにある本能が、「すべてが現実になる」と伝えているのだ。そうしたビジョンと夢と欲求に従い、自分にわかっていることを信じるんだ。その夢を現実に変えるのはあなたしかいない。実現するまで立ち止まるな。

この先も最大の戦いは自分を相手にしたものだ。いつだって最も手ごわい敵は自分自身でなければならない。常に誰よりも多くを自らに課すんだ。自分に対して正直になれば、あらゆることに対応できる強い信念と自信をもって、どんな挑戦にも立ち向かうことができる。人生は複雑かもしれないが、真実はそうではない。

「限界などない」と、私は心から信じている。あなたも自分自身に対して同じように信じてほしい。本能の声に耳を澄ませるんだ。その声は真実を告げている。

あらゆる私の行動、思考、発想、行為によって、私は誰よりも遠くまで行き、世界じゅうの誰よりも優れた仕事ができる。そう実感できる満足感を私は得たい。それが私の原動力だ。あなたの原動力がどんなものだとしても、それに身をまかせて目的地までたどり着くんだ。望んだものはすべて自分のものになる。クリーナーになって成功をつかむんだ。

リレントレスになれ。

よし、終わった。

さあ、次だ。

謝辞

本書の刊行にあたってくれたすべての人、特にスクリブナー社のシニアエディター、シャノン・ウェルチ、私のリレントレスなエージェントであり共著者のシャリ・ウェンクに心から感謝する。彼女たちはまさしく究極のクリーナーだ。

スクリブナー社にいるクリーナーたち、特にスーザン・モルドウ、ナン・グレアム、ジョン・グリンにもお礼を言いたい。そして、長年私を信じてその才能を託し、満足することなどないと私と同じように信じているすべてのアスリートに感謝を捧げる。

■著者紹介

ティム・S・グローバー（Tim S. Grover）

マイケル・ジョーダン、コービー・ブライアント、ドウェイン・ウェイドといった優勝経験のある殿堂入りした選手のトレーナーとして世界的に有名になる。スポーツにおけるパフォーマンスとモチベーションの国際的な権威。1989年からアタック・アスレチックスのCEOを務め、世界じゅうの選りすぐりのアスリートやビジネス界の専門家たちに、excellence（卓越）、commitment（献身）、「Don't Think（考えるな）」コンセプト、といった名高いトレーニング哲学を伝授する。シカゴを拠点に活躍中。詳しい情報は、attackathletics.comを参照。

シャリ・レッサー・ウェンク（Shari Lesser Wenk）

アール・ウッズとタイガー・ウッズ財団によるベストセラー『Start Something: You Can Make a Difference』の共著者。1983年から著作権エージェント、編集者、スポーツ関連書籍のライターを務める。シカゴ在住。

■訳者紹介

酒井 章文（さかい・あきふみ）

英語翻訳者。武蔵野美術大学中退。訳書に『マインクラフト』木の剣のものがたりシリーズ3, 4, 5巻（技術評論社）、『小さな家の大きな暮らし』（パイインターナショナル）、『図説「死」の文化史』（原書房、共訳）、『365日毎日アナと雪の女王』（学研プラス、共訳）、『ビリーアイリッシュのすべて』（大和書房、共訳）など。

翻訳協力／株式会社リベル

2021年10月2日 初版第1刷発行

フェニックスシリーズ ⑫⑧

よりよい道《みち》を行《い》け
――最高を目指し続けるトレーニング

著　者　ティム・S・グローバー、シャリ・レッサー・ウェンク
訳　者　酒井章文
発行者　後藤康徳
発行所　パンローリング株式会社
〒160-0023　東京都新宿区西新宿7-9-18　6階
TEL 03-5386-7391　FAX 03-5386-7393
http://www.panrolling.com/
E-mail　info@panrolling.com
装　丁　パンローリング装丁室
印刷·製本　株式会社シナノ

ISBN978-4-7759-4257-4